SUSが黒帯　金属漆

英機と名付けられた男

――その妙々たる生きざま

居相英機

JDC

装丁・本文レイアウト／今道 彩

ＳＵＳが黒帯　金属漆

英機と名付けられた男――その妙々たる生きざま／目次

目次

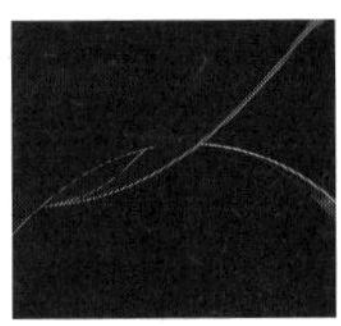

英機と名付けられた男

自分はバカである、空っぽである

私は１９４１（昭和16）年10月27日東京都新宿区富久町で父・巌、母・マサ子の三男として生まれた。父は「末は大臣か、大将に……」と望み、時の総理大臣東条英機の名に因み、私に「英機」と名付ける。日本国海軍がハワイの真珠湾を攻撃し、日米太平洋戦争が勃発した12月８日の43日前のことだった。

当時ヨーロッパは、１９３９（昭和14）年9月1日ナチス・ドイツ軍は突然ポーランドを侵略し、第二次世界大戦が勃発。ナチス・ヒトラーは怒涛の進撃を行い、すでに周辺国を占領し、戦線を拡大しソ連を視野に入れていた。

かたや、極東アジアでは、１９３７（昭和12）年盧溝橋事件をきっかけに日本軍は支那（中国）に進出し、関東軍がそのまま駐留して中国と本格的日中戦争へと発展していく。

アメリカは第一次世界大戦の苦い経験から、時の大統領フランクリン・ルーズベルトは他国を干渉せずという「モンロー主義」を掲げて大統領に選ばれた背景があるので、戦争不参加を堅持。

ヨーロッパ大陸では破竹の勢いのナチス・ドイツ軍、一方、極東アジアでは日本軍の中国大陸進出に刻一刻と世界の情勢は変化していた。当時日本は、エネルギーの源泉となる石油をアメリカからの輸入に頼っていた。片や国際連盟から脱退してでも満州を自国の領土と主張する日本に対し、米・英国は心よく思っていなかった。アメリカは他国不干渉という政策と、ヨーロッパ前線ではドイツに対抗するのはイギリスだけとなった窮状打開と、日本軍の進出を抑えるべく緊急の策を検討していた。

１９４０（昭和15）年、日本、ドイツ、イタリアの3国は軍事同盟を結び、フランスがドイツに降伏したさなかに、ドロ沼化する日中戦争打開策のため、日本はフランス領インドシナへと侵攻。

１９４１（昭和16）年10月、天皇陛下からアメリカとの戦争回避の願いを託され、陸軍大臣だった東条英機が内閣総理大臣に就任。東条英機の父は厳格な陸軍の軍人で、英機に言った、

「私欲を捨て　天皇陛下に忠誠を誓い　生涯　国のために尽くす　それがこの国に生まれた男のあるべき姿だ」

と。

一方アメリカは、石油や鉄などの日本への輸出を停止し、在米日本資産も凍結し、日米の対立は決定的となる。そして11月には、日本にとって受け入れは到底不可能と思われる最後通牒「ハルノート」を突きつけた。「窮鼠猫をかむ」という諺があるが、日本はこれ以上の譲歩は「座して死を待つ」のみという選択しかない状況に追い込まれたのだ。

ハワイへの真珠湾攻撃は日本の卑怯な無宣告作戦だと非難されるが、実はアメリカの国民を奮い立たせ、戦争に介入するきっかけを作るべく、フランクリン・ルーズベルト大統領が仕組んだ大博打だったと半世紀を過ぎた今、通説となっている。

アメリカに宣戦布告文書を手渡すべく日本の野村大使は、アメリカのハル国務大臣を訪ねていたにもかかわらず、フランクリン・ルーズベルト大統領は、待ちぼうけをさせて時間を稼ぎ、日本国海軍のハワイ攻撃後のタイミングを見計らって、全米にラジオを通じて、日本を非難し、全米国民の怒りをあおり、「打倒ジャブ」を鼓舞したのだった。

戦局は、緒戦は優勢であったが、1942（昭和17）年6月、ミッドウェイの海戦で日本連合艦隊は致命的な大敗を期してからどんどん悪化していく。

ガダルカナル島の戦いに負け、太平洋の島々の崩壊、マリアナ沖海戦、サイパン陥落、硫黄島玉砕、沖縄に上陸焦土化、日本全国の都市に無差別爆撃が始まった。

１９４５（昭和20）年3月10日、東京浅草方面は米軍による無差別爆弾攻撃に合い、大火災が発生し、死者が10万人を超える大惨事が起きた。これは攻撃目標の変化を意味し、今まで軍事施設を対象に爆弾を投下攻撃していたが、それを罪のない市民の密集する住宅街に対象を変更し、無差別絨毯爆撃を開始し、戦局は一気に、家族や市民一人ひとりが身の危険に晒され始めた。

１９４５（昭和20）年4月、東京新宿は無差別攻撃の標的にされ、Ｂ２９の来襲により焼け野原となった。

私達の住む新宿富久町の家も全焼し、外は火の海と化し、必死の形相で逃げ惑う人達の中、6カ月の身重の母は、４歳になる私と6歳の次兄光政を両手に掴み、「新宿御苑に逃げ込めば大丈夫！」と他の人たちが右往左往する中、新宿御苑まで必死で駆け込み、家族３・５人は九死に一生を得る。

「反対方向に逃げた人や、逃げ惑う内に焼け死んでいった人達が沢山いたんだよ」

と後々母から何度も聞かされた。

父は東京品川の三共製薬会社に薬剤師として勤務しており、当日は満州に出張すべく舞鶴港で出航を待っていた。新宿空襲の報を知り、急いで東京に戻ったが、我が家の全焼跡を見て一瞬「家族は皆焼け死んだ！」と思ったそうだ。

幸いにして母の機転で新宿御苑に逃げ込み、命拾いした家族は居相姓の出身地、京都府福知山市猪崎に疎開した。

歓迎されざる姻戚だったが、当面仕方がなかった。そしてこの機を境に父との別居生活はその後20数年間続くことになる。

福知山に疎開して間もなく、１９４５（昭和20）年8月15日正午、天皇陛下の玉音放送により連合国からのポツダム宣言を受諾し、無条件降伏し、日本は終戦を迎えた。

疎開先京都府福知山市猪崎は、祖父居相保太郎の先妻大槻つ弥（照子）の実家だった。大槻家の六畳一間が、母と男兄弟3人の仮住まいとなったが、その家の主人は我々を好ましく思っていなかった。ことある毎に難癖をつけた。やんちゃな男の子3人が遊びまわるので家の物を何か壊しやしないか、身重の母は毎日ビクビクしていた。

敗戦1カ月後、１９４５（昭和20）年9月に妹・由紀子が誕生。栄養不良の母の身体からは十分な乳が出ず、我々子供3人が毎日町までミルクを買いに行く日が続いた。

そんな折、追い打ちをかける事態が起きた。

母の両親・池田正秀と亀は、その親（祖々父）の代、明治から台湾台中市に移住し、その地で生まれ育ち、結婚し、家庭をもっていたが、日本の敗戦は、外地に住んでいた日本人の生活すべてを剥奪したのだ。

終戦翌年の春、強制的に台湾から追い立てられ、全財産を没収され、無一文になって身一つで内地に引き揚げてきた。

敗戦という想像を超える大混乱の渦中にあってその寂寞と虚しさを背負い込んだ運命。その胸中の悔しさはいくばかりであっただろうか……。

行き先のない母の両親（祖父母）は、娘を頼って疎開地猪崎の間借りの一間に辿り着いた。

母は台湾から引揚げてきた実の両親を福知山駅に迎えに行ったとき、

「老父母の憔悴しきった姿はこの世のものか……」

と疑うほど変わり果てていた。

「そんな両親の身上を察するには、あまりにも不憫でならなかった……」

と母が高齢になっても、そのときの実父母の姿を忘れられないと語っていた。

そしてその年１９４６（昭和21）年７月、妹由紀子は１歳を待たずして栄養失調で夭折した……。

妹由紀子が亡くなってまもなく、６畳一間の猪崎の疎開先から、遠縁に当たる室田さんが持つ福知山市小谷が丘の借家に転居。狭くて住み辛く居辛い猪崎の一間から、２階建て一軒丸ごと借りた小谷が丘の家に移った時の解放感は忘れられない。目の前がパッと開け、真白に輝き、身も心も解き放たれ、兄弟三人で家中を駆けずり回った記憶は今でもよみがえってくる。

小谷が丘に移って間もなく、近所の山の中腹に廃校（現福知山成美商業高等学校）になった校庭に赤土の荒れ畑を借りて耕し、サツマイモを植えた。美味しいとはとてもいえない、水っぽいしろものだったが、家族総動員で土の中から蔦につながるサツマイモを掘り起こし、リュック一杯に詰め、みんなで背負って家まで持ち帰った。

形は悪くて、大小混じりながら沢山収穫できたのは良かったが、来る日も来る日も昼飯はサツマイモだったので子供心にもうんざりした。大人になって「サツマイモ」というだけでゲップが出て、胸焼けがしたものだ。

幼稚園には隣の青山ヒロコちゃんといつも手をつないで通った。当時幼稚園は午前中だけだったので、ヒロコちゃんと一緒に帰ったあと、一人で出かけ、「ヒロコちゃんが喜ぶだろうな！」と駄菓子屋の叔母さんの目を盗んでガラスケースから、胸がドキドキしながら飴をくすねた。盗んだという罪の意識が強かったのか、食べた記憶がない。

それを知った祖母と母は烈火のごとく怒り、随分叩かれただろうが痛さや涙を流した記憶はなく、腕を捕まれ、がんじがらめにされ、この手が悪いのねと親指と人差し指の間にお灸をすえられた。熱くて熱くて、痛さを通り越すほどの折檻を受けた。

小学5年生2学期の理科の「電気」の時間に、私は電池で走るモーターボートの模型作りに夢中になっていた。ミニチュアのモーターを分解し、山の形をした薄い電磁鉄板を重ね、その谷間に黒く被覆した銅線を何十にも巻いて電気が流れると電磁石になる。軸芯の部分と囲う部分に分け、分解しては組みなおし、時には銅線の巻き数を減らしたり増やしたりして電池に繋ぎ、モーターの動力の強弱を作り替えて遊んだ。

理科の時間になると先生の授業はそっちのけでカバンに忍ばせた電池とモーターと車輪を取り出し、車に仕立てて遊んでいた。先生から注意を受けても一向に改まらなかったのだろう。1学期の理科の評価は「5」だったが、2学期の成績は「3」に下がった。講評欄に「学校は遊びの場所ではありません……」とあった。

3学期は「5」に戻ったが、4年生から6年生まで担当だった田辺農夫雄先生のことを思い出す。クラスで1、2番の成績だったので2学期の理科の「3」の評価は忘れられない。自分ではそのときが一番勉強に熱中した記憶がある。

小学校を卒業するまでは、母から竹の物差しでびしびし叩かれていた。特に躾については兄弟喧嘩の仕置きは厳しかった。そんな母親は怖かったが、中学に入ってからは全く叩かなくなった。母なりに本人の自覚を重んじて自重したのかも……。

中学の思い出は、テニス（庭球）を始めたことだ。当時は軟式テニスが普通だった。夏休みに入ってから毎日2年、3年生が練習するその玉拾いが大半で、2、3年生が休憩する時間に1年生同士で練習するのだが、ラケットでボールを打ってもネットの向こうのコートまで届いたり届かなかったり。

だがその年の2年生は、何が理由か記憶にないが、テニス顧問の先生と対立し、コート上で先生と生徒の間で喧嘩が始まった。なじりあいが激しくなり、血の気が多い先生だったの

でおさまりがつかなくなり、

「全員辞めてしまえ！」

と怒鳴った。それに呼応して2年生は、

「おお、辞めたるワ！」

と応答し、全員コートから出て行き、そのまま家に帰ってしまった。収拾がつかなくなった先生は、1年生のわれわれに向かって、告げた。

「全員集まれ。明日からはお前たちが正選手だ」

おかげでわれわれの年度は1年生の2学期から上級生がいなくなり、2年間正選手として活躍することになった。

福知山市内の中学校対抗試合として個人戦と団体戦があり、丹波・丹後の両丹大会は天橋立宮津高校のコートで行われ、そこで上位に入賞すれば京都府下大会に出場できた。京都市内で予選に勝ち残った学校の連中の強かったこと、格の違いを見せつけられた。

この年頃は日に日に成長する時期なので、技術を持った指導者の下で練習した生徒と、中学教師になってからテニスを始めた人が指導担当では、スタートから力量が違い、月とすっぽんほどの差があった。

でも3年間テニス部に在籍し、陽射しの下、仲間と運動することで体を鍛えることができたのは良き思い出である。

京都府立福知山高等学校は、京都府で三番目に創立した高校（旧府立第三中学校）なので学帽には白い三本線が入っていた。

進学をめざす生徒は、2学期以降スポーツ活動を辞め、受験勉強に専念するのが普通のパターンと考えられていたが、私は受験勉強に本気で取り組みたくなるまでクラブ活動を選んだ。

福知山高校の「山岳スキー部」は1学年上の部員が一人、名前だけで活動もせず、廃部に追い込まれていた。そこに入部し、私がキャプテンで何人かを勧誘し、夏は山に登り、冬はスキーに行く部活動を始めた。

当時山岳部といえば「京都大学山岳部」が有名で、日本最初の南極越冬隊長を務めた西堀栄三郎氏や今西錦司氏がいた。

1953年ニュージーランド人のヒラリーは、シェルパのテンジンと世界の最高峰エレベストの初登頂に成功した。ヒマラヤの8000m峰マナスルに、日本人として初登頂に成功した槙有恒氏など、山登りは世間でも注目の的だった。

日本の中央を走る、北アルプス山脈の登山は山岳マンの憧れだった。勉強などそっちのけで、山岳スキー部の活動に夢中になっていた。

或る日、体育担当の女のS子先生から、アドバイスがあった。

「練習の一環として自転車による遠出が効果あるわよ」

「それは面白そうだ！」

話が弾み、トントン拍子に進んだ。S子先生は婚約中の彼氏を道案内に連れてきた。彼氏は自転車好きで、当時は珍しいアンダーハンドルのサイクル車で参加し、日本三景の一つ天の橋立までのサイクリングが実現した。

参加者は山岳スキー部の仲間とS子先生が女子学生を募り、15名が参加した。今井正監督の名画「青い山脈」には原節子、池部良の主演者たちが自転車で走るシーンがあった。右に海を見て堤防の地道に土煙を巻きあげながら走る映画のシーンとイメージがダブり、

「俺たちみんな映画の主人公だ！」

と叫び、主題歌「青い山脈」を張り裂けんばかりの大きな声をあげて唄った。本当に映画の主人公になったような気分だった。

イタリアのコルチナダンペッットで開催された、第7回冬季オリンピックでアルペンスキー競技、大回転、回転、滑降の3種目に優勝した三冠王オーストリアのトニー・ザイラーは、スキーの天才といわれた。

彼は二枚目の美男子だったので映画に主演した。デビュー作は「黒い稲妻」。山岳スキー部の部員を誘って京都の映画館まで、汽車で往復5時間かけて観に行った。

ヨーロッパ本場アルプスの真っ白な銀世界の山々をスキーで豪快に滑るトニー・ザイラーの姿は我々の瞼に焼きついたまま離れなかった。

続いて「白銀は招くよ」。その次の年ザイラーは、日本の長野県白馬八方尾根のスキー場と山形県蔵王スキー場で女優鰐渕晴子と競演した「銀嶺の王者」が撮影され、そのニュースや記載誌に飛びつき、切り抜き写真を壁にべたべた張っていたのが忘れられない。

3年生の2学期に入って進学を目指す生徒対象の実力試験があった。私の成績は思いのほか悪かった。試験といえば、私は一夜漬け型だったので試験中は徹夜して一所懸命勉強し、学期ごとの試験に臨んでいた。成績はいつでも上位だった。

学期試験が終わると次の学期末試験が始まるまではほとんど勉強はしなかったので、進学対象の実力試験の結果に頭を殴られたような、ショックを受けた。大学進学を考えるとこれではダメで、学力が不足していると気づいた。しかし、「今から勉強して間に合うのか？基礎からやり直さなければ実力として身につかないのでは……？」と、焦りが垣間見え、総合試験の成績も上がらなかった。

勉強って本当は楽しいものなのに、楽しいはずの勉強が嫌いになっていった。興味が湧く内容だと前向きに取り組めるが、受験勉強だけはなぜか拒否反応を増長するだけだった。これは精神的挫折なのか……。

片方で「俺は合格するはず……」と自惚れもあったが、志望校にはあっさり拒まれた。母が、尋ねた。

「英機ちゃん、どうするの？」

「東京に出て浪人する」

「そう」

何も言わず同意してくれた。

子供の頃から母親に「いずれ東京に戻る」と聞かされていたので、関西には全く関心がなく、予備校は東京を選んだ。「東京生まれ」が擦り込まれていたのか、私にとって「東京は憧れの生誕の地」だった。

翌年の受験めざし、国鉄（今、東日本ＪＲ）山手線代々木駅前にある予備校「代々木ゼミナール」に通い、浪人生活が始まった。

東京都世田谷区赤堤、Ｍ氏宅敷地に平屋の別棟アパートがあり、4・5畳の部屋が9部屋、風呂はなく、共同トイレ、共同調理場だった。家賃は月３０００円、これに光熱費が数百円かかった。母親からの１万円の仕送りで賄った。

東京に出て来て何とか勝手がわかってきた時期、１９６０（昭和35）年6月19日は日米安全保障条約10年目を迎え、更新切れ自然成立を前にして、6月15日は戦後最大といわれた安保反対闘争のクライマックスの日だった。

この日、友人浜仁と一緒に新宿から地下鉄に乗り、赤坂見附で下車し、

「おい、仁、俺たちも参加しヨ！」

とヤジ馬学生になり、国会議事堂前のデモ隊に加わった。「安保」・「反対」、「安保」・「反対」と、ジグザグに歩きながらシュプレヒコールを繰り返していた。

絶叫の雄叫びがピークを迎えて夜12時近くになったころ、全学連主流派は国会議事堂構内に突入をはかった。

間もなくして、国会議事堂を囲むフェンスの正門の前に群がるデモ隊に向かって、「ピーポー、ピーポー」とサイレンを鳴らしながら救急車が、むりやり人混みの中に入ってきたのが見えた。そのとき何が起きたのかよく分からなかったが、夜中の1時ごろ、浜と地下鉄に乗り自宅に戻った。後で知ったが「東大生樺美智子さん」は倒れ、踏みつけられて亡くなった。

予備校で学んだのは、「大学の入試問題は、難解というのではなく、ひっかけやひねった内容にして、罠にかけ、わざと間違い易くし、陥れるような問題、受験生をいかに惑わせるかに重点が置かれている」ということだ。

「昨年私が作った問題は、ここのところをどう解釈するかで答えが決まる」

と、予備校の数学の先生も英語の先生ものたまう。注意力を喚起するつもりで教えてるのだろうが、「それは違う！　どこか違う！」という気がしてならなかった。

これは学問ではない、「先に答ありき」は、学問ではないと言わざるを得ない。「自ら疑問を持ち、自ら考え、その疑問への解決の道しるべを指導するのが先生といわれる人の役割である」はずだ。

予備校への不信と受験勉強に拒否反応を示す強烈な自我、一種のノイローゼになっていた。映画と読書に逃避した。

私の性格は「気位が高く、見栄っ張りで気難しがり屋で、負けん気は強く、それでいて恥ずかしがり屋……」か。特に受験という孤独の中、過敏な状況では「自尊心に傷がつくのをもっとも嫌う」性分のようだった。

2度目の受験に失敗し、志望校のレベルを落とさないまま3度目の受験を迎えた。勝手な反骨精神など全く関係なく、不合格という惨めな結果に終わった。

落ちこぼれの自己劣等感と、どれだけ戦っただろうか。一種の「うつ病」に掛かっていた。でも就職する気は全くなかった。

受験勉強もしたくない、就職もしたくない。苦悶してると、ハッと「座禅している姿」が想い浮かんだ。逃避かもしれないが、新天地を求めていた。

居相家は、福知山藩の士族の家系で、宗旨は禅宗臨済宗だった。

菩提寺である福知山海眼寺の花房住職にお会いし、受験に苦しみ、勉強に身が入らない、嫌いな受験勉強から逃避し、憔悴しきっているありのままの心情をさらけ出して話をした。

京都東山にある、臨済宗南禅寺派の総本山南禅寺を紹介して欲しい、とお願いした。黙って聞いていた住職は、

「分かった。でもいきなり、雲水の修行に入る前に、もう一度環境を変えて自分の将来を素直に考えたらいい」

と、「新到見習い」として入山することで紹介状を頂いた。

南禅寺での生活が始まった。「新到見習い」は、私のほか1つ年下の立命館大の学生、お寺の息子で2つ年上の仏教大の学生、同郷福知山のお寺出身の後輩に当たる男の4人だった。全く、何も知らず、何も分からないまま南禅寺本山に飛び込んだ、いや、逃げ込んだ。私に与えられた仕事は早朝から夕方まで掃除をすることだった。

朝は4時に起き、朝食前に2時間ほど、庫裡と廊下続きの国宝大方丈・小方丈を囲む板雨戸を開け、大部屋続きの畳の間の掃除、方丈を取り囲む長い長い縁側の拭き掃除が日課だった。

その後、朝食の準備を手伝い、全員揃ったところでお経を唱和し、お粥を頂き、後片付けをする。暫くして今度は東司（禅宗では便所）と風呂場の掃除。昼食のメニューは釜揚げうどんと決まっていて、12時から13時までそれぞれ三々五々に食していた。午後からは拝観禁止の人目につかない区域、いわば高貴な部屋の室内外や、渡り廊下とか、離れの茶室周辺の庭園の草むしりなど掃除に明け掃除に暮れる毎日だった。夕食は5時と早く、その後は自由な時間なので読書に励んだ。

掃除に明け暮れする毎日だったが、繰り返している内に身体もだんだん慣れて、生活にリズムができ、平常心を取り戻してきた。

南禅寺の管長は柴山全慶師。師は当時松下電器の社長松下幸之助氏を別院「無鱗庵」に招いて指導されていた。その縁で毎月第1土・日は松下電器の管理職の人たちが夕方に来て御粥の夕餉を食し、早朝庫裡の大方丈二部屋にて参禅し、教務の池田禅師が説教されていた。座禅用の座布団の準備と後始末も新到見習いの作務だった。その見返りにか柴山全慶管長からは墨蹟「無」の色紙を戴いた。

南禅寺の前身にあたる塔頭南禅院は、鎌倉時代の面影を残す緑に囲まれた池を配置した回遊庭園があり、池の水位を保つよう疎水から取水し、いつもきれいな水が流れていた。南禅院は庶務担当の高齢のご老師が一人で住まわれていた。掃除にはなぜか私が良く指名された。

ご老師に「〝犬に仏性有やまた無しや〟の意は何か」と教えを乞うた。次の日に「全修行」に投稿された下文を頂いた。

〝犬に仏性有やまた無しや〟は禅で有名な公案集「無門関」である。

趙州《じょうしゅう》和尚、因僧問、狗子還有仏性也無。州曰、無。趙州和尚にある僧が質問をした。

「犬にも仏性がありますか？」

趙州は無と答えた。

古来、何人者の僧が座禅しながらこの第一関門に齷齪《あくせく》してきたことか。

一般人は有る無いの二元論に捉われ、あるからと喜び、無いからと言って悲しむ。そういう二元論を超越した世界に住しなさい、というのである。

荘子の「無用の用」「人は役に立つ者ばかりに目がいく(有用の有)が、役に立たないもの(無用の用)にも大きな働きがあることを知るべきである」などは、「無」をつけることによって新たな意味を作り出し、新たな思考の深まりを作り出した。「無」の発見は人々に哲学的思考を可能にした一大発見だったと思う。

この思考法は弁証法と言われ、対立するものがあり、対立するものを超えてさらに上の段階に到達するというものである。

次は、日本人ならたいていの人がそらんじることができる「いろは歌」。七五調で覚えやすく、旧かな使いで濁音など踏まえ、漢字仮名交じりにすると次のようになる。

いろはにほへとちりぬるを　わかよたれそつねならむ　うゐのおくやまけふこえて　あさ

きゆめみしゑひもせす

「色は匂えど散りぬるを　我が世誰ぞ常ならむ　有為の奥山今日越えて　浅き夢見し酔いもせず」

どれ一つ重複のない仮名尽くしで国語の字母を構成している。目を転じれば仏教的無常観を歌った内容でもある。

美しい花が散るのを、世にあまねく繰り返す栄えと衰えにたとえ、欲の深きことどこまでも続く深山に見立てた世の中と重ねる。それは全てうたかたの夢の一幕とみなす達観した趣。実際、下敷きになった仏典がある。「涅槃経」のなかの「施身審聞偈」。悟りを開こうと修行を重ねる釈尊の前身、雪山童子が羅刹（鬼）にねだって、わが身と引き換えに真理の言葉というべき偈文（げもん）を聞き出す。その偈文の文意を大和言葉に置き換えたのがこのいろは歌だ。また一つ賢くなった。

南禅寺本堂は、昼間絶えない拝観者も午後4時の閉館後は静かになり、夜は人っ子一人いない暗闇に変わる。あれは澄み渡った夜空に冷たくキラキラと輝く中秋の名月の日だった。

「虎の子渡しの石庭」を前に、裏山で取ってきたすすきを一本ビンに刺し、国宝に指定されている襖絵「水飲みの虎」を後ろにして、一人座禅を組んだ。

「座禅すれば悟りが開けるのか?」そう簡単ではなさそうだ……。

1962(昭和37)年12月31日、除夜の梵鐘を打つため、南禅寺境内の鐘楼の前にたくさんの人が集まってくる。その整列係をしていた。一番鐘から始まり百八つの鐘を突き、1年の煩悩を振り払い、新年の無事息災を祝う。一打一打「ゴォーンー、ゴォーンー」という鐘の音。その余韻を聴いてると、だんだん神妙な気持ちになる。

「自分は人と違うんだ」という意識は、中身は空っぽなのに利巧ぶって、いつかは仮面が剥げる。それが怖くて、いい格好を続けようとし、その狭間で独り相撲していただけだ、「自分はバカである。空っぽである」と気付いた。

過ぎ去ったことを思い悩んでも意味がない、と思えてきた。悩んで解決することなら悩もう。でも悩んだところでこの3年という時間は元に戻らない。駆け込み寺として南禅寺を選んだがこのまま参禅の道に進む気にはなれなかった。

「済んだことは済んだこと!」と思うと、何か目の前の靄が消えてなくなった。

背伸びはやめて相応の大学に行こう、モヤモヤがふっ切れ「もう一度挑戦しよう」。

翌日元旦の午後、お世話になった僧侶に別れの挨拶をし、福知山に戻り、海眼寺の花房住職に報告し、受験に向け気を取り直した。
2月初旬、日本大学芸術学部を受験し、合格した。

もう一度挑戦しよう！

英機、学業と稼業二足のわらじ

艱難辛苦　汝を玉にする

高校を卒業して3年が過ぎ、1963（昭和38）年4月〝創造的な学問〟を求めて「日本大学芸術学部（日芸）」に入学した。日芸の江古田キャンパスは、JR池袋駅から西武線に乗り換え、3つ目の江古田にあった。受験戦争に負けて悔しい思いをし、一時は失意の底に沈んだが、過ぎてしまえば過去の出来事。暫くは学生生活を謳歌しようと4月にテニス同好会に入る。

夏休みに入った7月初旬、テニスの合宿に参加、40人を越える大所帯。山梨県山中湖周辺にテニスコートを持つ民宿に泊り、1週間ほどの合宿だった。それは同好会の合宿とはかけ離れたメニューと過密スケジュールで、早朝ランニングに始まり、午前と午後の練習の合間に自分の衣類だけでなく、上級生のトレーニングウエアと下着の洗濯など日が暮れるまで休む間はなかった。夜は風呂場で先輩の身体を洗い、夕食後は屋外の山中湖の砂浜に出て二次会と称し宴会を開き、皆素っ裸になって円陣を組み、新入生はしこたま日本酒を飲まされ、吐き出し、酔いつぶれても朝は5時に起床し、早朝ランニング……。終盤には卒業した先輩たちが加わり、まさに体育会系のスパルタ式の合宿だった。日本軍の「戦時訓」を真似たつもりなのか精神性を重んじ、根性を鍛える「絶対服従」の訓練に明け暮れる。その後の生き様に影響を及ぼした印象に残る合宿だった。

大阪八尾で経営する父親の会社が5月に倒産していたことを母親は、大学に入学してやっと落ち着いた私に暫く隠していた。父親の会社は、受注先が倒産したので受取手形が不渡りとなり、資金繰りに詰まり、連鎖倒産の憂き目に合い、途端に父親から母親への毎月の仕送りが止まる破目に陥っていた。

母親は福知山に住み、薬剤師の資格免許を薬店に名義貸しをして何がしかの収入を得ていたが、父親の倒産時から名義貸しだけでは私への仕送りや高校生の妹の学費も不足するので、某ストアの薬売場で薬剤師として毎日働くようになった。が、母親の稼ぎだけは穴埋めできず、ここ数カ月は貯金を取り崩しながら送金してくれていたのだ。母親が送れる精一杯の金額は今までの半分5000円になる。

絶体絶命の窮地に立たされた！

大学を辞める気はない。入学した以上卒業するのは当然と考えていた。でもこれから先どうして生活していけばいいのか……。

独り立ちするには金を稼がなければ。

〝金を稼ぐなどまだ自分とは別世界〟と思っていた。親からの仕送りだけでは生活費にも満たない。行き詰るのは目に見えていた。授業料など払えるわけがなく、兎に角、稼がねばならなかった。

人に訊くのは苦手だったし、自分を曝け出すのは嫌だった。プライドだけは強かった、それを見透かされるのが怖かった。

〝大学は自力で卒業する〟と覚悟を決めた。

卒業に必要な単位数はいくらか？　入学して2年間の教養課程と3、4回生の専門課程に分け、教養課程の内、必須科目は何か、その単位数は何単位か、専門課程の科目は何があるのか、その単位数は幾ら必要かを調べた。

教養課程は英語、一般教養と第二外国語の仏語と体育が必須科目だった。要領よく計画的に取得するには、「出席を取るか取らないか」は重要な選択基準だった。出席率が60％以上あればよいことも分かった。出席を取らない講義は試験だけ受けて60点以上あれば単位は取得できた。

1回生の下期からは試験だけで取れる講義に絞りこんだ。徹底して最短コースを選ぶと大半が試験だけで単位が取得できることが分かってきた。専門課程も3回生までにすべて取得可能であり、4回生は卒業論文だけ残ることも分かった。あとはそれを計画通り実行するだけだ。

しかし、受講しながら前期と後期の授業料6万円は勿論のこと生活費も稼がなければならないのだ。〝学業と稼業〟の二束のわらじを履く苦難の覚悟はできたつもりだが、当時サラリーマンの月給が〝13500円〟と流行歌にもなった頃の授業料6万円と生活費を稼ぐのは半端じゃない金額だった。

〝稼ぐしかない……〟

テニス合宿の後、アルバイトを探した。合宿の終盤に参加してきた社会人の先輩の一人が勤めていた銀座の会社が、アルバイトを求めていたので早速お願いする。

銀座街には三越、高島屋、松屋、松坂屋などのデパートがあり、その靴下売場に靴下を販売卸する商社で、ちょうどお中元の超繁忙期にあった。会社の規模は社員が5〜6名、アルバイトは10名ほどいた。

世の中に出て初めての仕事なので、どんな作業をしたかよく覚えている。品質表示とメーカーの名前を靴下にアイロンで熱転写し、ホッチキスで留め、値札を付け、高級品は透明な袋に一足分ずつ入れ、ダース単位でダンボール袋に詰め、紐で結んだ箱を両手に抱え、先輩の後ろを汗びっしょりになって、靴下売場まで運ぶ。納品伝票に判子を貰った後、箱から出して売場に靴下を並べる仕事だった。1カ月弱の期間だったが、この経験はその後のデパートの仕事に役立った。

夏休みはまだ残っていたので、次のアルバイトは折込チラシをみて、時間給が少しでも高いバイトを探したら、製氷会社が募集していたので早速応募。これも繁忙期のバイトだった。まったく内容の異なる作業だったが〝氷ってこうして作るのか〟と初めて知った。

製氷のアルバイトは8月末まで9月から次のアルバイト先を探す。授業に出席することも考え学校の近くを探した。

西武線江古田駅前に学校まで走れば5分という位置に、月賦販売の「丸井林店」があった。月賦払いでモノが買える販売方法は、高いものでも10回に分けて支払うので、家電製品、タンス家具、洋服などあらゆる高価なものが入手しやすかった。家電三種の神器3C（洗濯機、白黒TV、冷蔵庫）が飛ぶように売れ、月賦販売は大流行した。

その丸井林店がストーブ売場のアルバイトを募集していた。学校には近いし、絶対に受けなければならない授業のみに絞ってアルバイトの時間を調整し、時には店に断って授業に出席し、「ハイ」と点呼の返事をしてすぐ教室を飛び出す芸当も何度か繰り返し、9月から年末まで働いた。

時間給は80円。安い時給だが、当時百貨店の営業時間は午前10時~午後6時までと毎週1日休業日があったが、丸井林店は夜8時まで営業していた。夜8時までフルタイムで働いたので月に15000円前後稼いだ。

接客販売のアルバイトは初めての経験だったが、〝覚えるより慣れろ〟といわれた。

年配の山田さんは人懐っこい人柄でいつも笑顔を絶やさず、物腰は低く飾らない人で、最初の一声を掛けるタイミングと言葉は、相手の警戒心をすっと消してしまう名人芸だった。主任の田代さんは子供のような顔つきで、創業時から居た人だけど、のんびりおっとりした人柄だから誰からも、「ターちゃん、ターちゃん!」とニックネームで呼ばれていた。そんな人たちの傍にいたせいか日に日に上達し、めきめき腕を上げ接客販売が身についてきた。

10月の半ばごろ、ストーブ売場にもう一人販売員が現れた。名前は篠原邦夫といい、北海道出身、年齢は私と同じ年で、立教大学の4回生だった。聞けば丸井林店が雇った人ではなく、ストーブメーカーからの派遣社員だ。

小柄だが引き締まった細身の体つきをして、態度は横柄な奴で、太い眉毛に窪んだ眼光は鋭く、黙っていると怖い顔立ちをしていた。ところが一度口を開くとユーモアと人まねとギャグが得意な男で、誰とでもすぐ打ち解ける性格の持ち主だった。気難しい性分で人見知りし、恥ずかしがりやの私とは正反対の性格だったが、相性が良く、すぐ仲良くなった。篠原君の日当を訊いてたまげた。日給1500円だという。

こちらは時間給80円なので8時間働いても640円にしかならない！

〝2倍以上1500円の日給〟を貰っているとは……！

派遣社員は開店、閉店が時間厳守ではなく、私の2・5倍の収入を得ていたのだ。「派遣社員」という職業、もっと稼げる方法はあることを知った。

丸井林店のバイトも終わり、年が明けた翌年次のバイト先を探すため篠原君に相談し、派遣社員を斡旋する専門の会社マネキンクラブを紹介してもらう。場所は池袋にあり、駅から少し離れたビルの3階の一室にあった。5坪ほどのガランとした部屋には、女性社長が座る椅子と机、電話が2台、受信用と発信用だという。机の前にパイプ椅子2脚あるだけの簡素なものだった。

履歴書を前もって用意していた。篠原君のアドバイスがあり現役学生とは書かなかった。学生と書くと「ああ、休み期間中の一時的アルバイトか」と見なされ、日給も1000円と安い派遣先に紹介されてしまうからだ。「一人前の接客販売の経験があります」という顔をしていたつもりだが緊張でぎこちなく、引きつった顔で面接を受けた。

40歳代の独身女社長、

「篠原さんの紹介だからもっとちゃらんぽらんな人かと思ったら真面目そうな人だねエ」

と同行してた篠原君の顔を見やった。

「ハァ…」

冷や汗を掻きながら作り笑いするしかなかった。日給1200円ももらえるのだから、必死だった。でもその冷やかしは「この人は使える、採用！」の裏返しだったのだ。「良かった！」と身体が熱くなるのを憶えた。始めて紹介された仕事は、デパートに家具を卸している家具卸商からの派遣員で、新宿伊勢丹デパートの家具の蔵出し特別販売だった。

正月明けから冬の時期に、各デパートでは家具の特売セールが毎年行なわれていた。特設売場には数社の家具卸商が出店しているので、お客には派遣先の家具を売らなければ売上げにならず、収入にもつながらないシステムだ。

実績を上げれば次の機会に指名される。お客を上手く誘導しながら派遣先の家具を売ることに専念する。短いようで長い緊張と興奮の、連続した2週間の初仕事だったが、丸井林店の1カ月のバイト代以上の収入になった。マネキン紹介所に出向き、お金を手にしたとき〝俺でも稼げるんだ〟と実感と感激！

涙がでるほど嬉しかった。

〝自分の足で歩いたよ〟と母親に手紙を書き、妹玲子もいるので〝今後の仕送りは一銭も要らない自分で稼ぐから〟と断った。するとあまりの激変ぶりに、母親から、

「英機ちゃん！　どうしたの⁉　信じられない……」

まさに〝独立宣言〟だった。

篠原君には食事をご馳走し、彼の行き付けの飲み屋にも出掛け気勢を挙げた。続いて紹介されたのは、2週間とはいえ伊勢丹での評価はまずまずだったのだろう、同じ家具卸商から2月に入って松坂屋で催される家具特売セールの2週間の派遣だった。ここも無事こなした。

この時期学業は後期の試験が待っていた。前期の試験の経験から教養課程の授業のレベルから出題内容はほぼ見当がついていた。それでも、出席していない授業の内容を仲間から喫茶店で聞き、ノートを見せてもらいながら2週間、試験と向き合った。翌日の試験科目に集

中して教科書を一夜漬けで読み、当たりを付けて試験に臨んだ。第2外国語のフランス語だけは60％の出席率と、普段から忘れず勉強していたので自信はあった。結果は、伊達に浪人していたわけではなかったと自負して良いものだった。1科目も落とさず予定通り1回生の単位と科目を取得し、来年2回生の教養課程も、今の実力ならフランス語と体育を除いて試験をパスする自信はある。

後期試験を終えて1964（昭和39）年3月から仕事に戻る。池袋マネキンから紹介されたのは、新宿に事務所を構えるアクセサリーの販売会社だった。指輪、ペンダント、ネックレス、帯止めなど天然石のアクセサリーの販売で特に赤褐色のメノウと緑色のクリソ中心の商品構成だ。

この仕事は日給1300円に、売上げを上げれば歩合が付くという。こんないい条件の仕事があるんだと飛びついた。

東京周辺を走る西武鉄道は池袋線と新宿線があり、主要な駅には西友ストアが併設していた。店の中央の空いたスペースにテーブルを借り、その上に黒い布を敷き、メノウやクリソの指輪やペンダントを広げて並べ、客を待つのだが、客はなかなか振り向いてはくれない。

丸井林店でのストーブやデパートの家具販売は季節もの商品なので黙っていても購入意志

のある人が来店し、ストーブなら、

「どんな機種をお求めですか」

「部屋の大きさはいかほどですか」

「洋服ダンスですか、和ダンスですか」

と聞き、選ぶのをアドバイスするというか、相談に乗れば勝手に売れた。

だが、そうはいかなかった。

買う意志のない人に振り向いてもらい、興味を抱かせ、買う気を起こさせなければ一つも売れない。木偶《でく》の坊ではあるまいし、ただ突っ立てるだけでは売れないのだ。

これには参った。自分はアルバイトではなく、売り子としてマネキンクラブから派遣された、いわば専門の販売員なのだ。西友ストアの店を1週間単位で売場が変わっていくのだが、次の店に行っても売れる保証はどこにもなかった。ただ新聞折込みの西友ストアのチラシの片隅に「メノウやクリソの特別販売」と掲載されてるだけで、それを頼りに声をかけるのだが、傍に来た人以外に大きな声で呼びかけることは恥ずかしくてとてもできるものではなかった。またどう声をかければ振り向いてくれ、近づいて手にとって見てもらえるのか、買って貰えるのか分からずに困った……。

何とか売らないといけないという焦りの気持ちと売れない現実の狭間で悩んだ。日給1300円分どころか、1個も売れない日もあり、そんなときは後ろめたさを感じた。2カ月近く続けたが大きな声は最期まで出せなかった。でも、もし人を近づけることができれば、その中に幾人かは買う人がいるという感触は得た。

メノウの派遣販売では歩合制が付いていたが、一度もその売上げに到達しなかった。だが歩合給は実力次第で稼げる「宣伝販売」という仕事があることを知ったのは収穫だった。

4月も終わる頃、池袋マネキンの女性社長に、泣き言のつもりで電話した。

「今の仕事は全く歩合にならないよ」

「じゃ、別な仕事があるから事務所へ来て」

〝しまった！〟という本音と〝よーし！〟というカラ元気が交錯した……。

聞けば売場は「浜松市」の「松商」。静岡県浜松駅前の、県で一番大きなデパートだという。家庭用品売場で新製品「テリナ」という汚れ落しの洗剤の「宣伝販売」の仕事だった。ゴールデンウイークを挟んで2週間、日当は固定給が1500円と1個当り5％の歩合が付き、交通費は別途出すという話だ。交通費、宿泊、食事代は自己負担がこの業界の常識だった。

「交通費が出るんだからこんないい条件は少ないよ」

と女社長はこともなげにいう。そして、こうも付け加えた。

「こんな良い話だから誰よりも優先して居相さんに廻したのよ」

「はい、ありがとうございます」

と返事するしかなかった。返事した後からすぐ後悔した。〝見ず知らずの人の前で大きな声を張りあげ、呼び込み、口上をいうなんて自分に出来るわけがない〟と心の中で葛藤が延々と続いたが、腹を括るしか選択肢はなかった。授業料を貯めなければならないし、大学に戻って授業に出席しなければ単位が取得できないし、その間2～3カ月の生活費も稼いでおかなければならない状況が自分を動かした。

デパートの家庭用品売場に出向き、「宣伝販売」の実演をしている人たちを観察した。「テリナ」の洗剤メーカーの人とも会った、特長をメモし、説明書には何度も目を通し、部屋で原稿をつくり、声を上げて読んでもみた。真剣に取り組んだが、人前で声を出す勇気はなく、逃げ出したくなるほどもどかしかった……。

宿は浜松駅前の松商のデパートからそんなに遠くない所にあった。宿に着いて早速明日から始める道具を用意しなければならなかった。中古品屋を訪ね汚れた電気釜を買い求め、冷蔵庫や洗濯機のミニチュアと自転車のおもちゃなども購入した。見学し観察した「宣伝販売」をしていた人たちがテーブルに並べていたものを何とか揃えて用意した。　そのときが来た。10時開店と同時にパラパラと買い物客が入ってきた。そうこうしている内に自分の立つ家庭用品売場の周りにもチラホラ客が歩いていた。11時ごろ、覚悟を決めた。手に汗握り、勇気を出して自分では最高に大きな声で第一声を発した

「こちらは家庭用洗剤テリナの宣伝販売のコーナーです。冷蔵庫や電気釜の汚れや黄ばみを落として……」

〝ぱぁー〟と顔から火が吹き出すような恥ずかしさと、全身が火だるまになったような熱さを感じたのを今でも忘れない……。

でも、誰も見ていない……、誰も聞いていないのだ!!

興奮のあまり口から心臓が飛び出すほどの緊張と、恥ずかしい恥ずかしいと自分だけが忸怩たるものを感じていただけで、誰も関心のない事だった!

この落差は何だ?!　独りよがりの独り相撲でしかなかったのか……!

このとき、気弱く恥ずかしがりやで、内向きな自分から一皮向けたのか。そこには恥辱との闘いに打ち勝ったというか、何かを乗り越えたもう一人の自分がいた。

この宣伝販売の経験がその後に稼ぎ、身を立て、独立するというきっかけになっていくのだから人生は分からない。

一皮も二皮もめくれたようだった！

浜松駅前松商デパートの仕事を終え、東京に戻って6月を挟んで2カ月ほど学業に励み、前期試験を無事終えた。夏休みに入る前、池袋マネキンを訪ね、次の仕事を依頼した。天然石の販売の仕事があるという。以前やった会社だという。

「へー、何でまた？」

「あすこの会社に人を送り込んでもすぐみんな辞めてしまって困ってるの。居相さんはあすこで評判良かったのよ」

浜松で一皮向けた経験を活かせば前より売れるという気になった。今度は歩合が出るほど売り上げるぞと意欲的に臨んだが届かなかった。そんな折「天然石のばら撒き宣伝販売」が流行りだしたという情報が入ってきた。日給2000円出しても良いからベテランが欲しいとの要求に、池袋マネキンは私を推薦した。固定給2000円は大変魅力だったので二つ返事で了解し、移った。

同じ天然石を扱いながら、販売の方法が変わるとこんなに売れるものなのかと「カルチャーショック」を受けた。

9月半ばで学業に戻らなければ出席率が危なくなるので、日給2000円の天然石販売を止めて日給は1500円に下がるが、丸井林店ストーブ売場の派遣販売員をこちらから志願した。

秋から年末に掛け、学業と派遣販売の仕事を上手く使い分け、出席を必要とする授業は堂々と講義を受け、販売の実績はターちゃんも、笑顔を絶やさない山田さんも協力してくれ、派遣先のメーカーのストーブが売れると私の実績にしてくれた。

2回生の後期試験が終ったあと、教養課程の必須科目である体育の単位取得に想い出がある。

週1回の授業に半年間出席するか、冬の合宿に参加すれば体育の単位が取得できる選択肢があったので山形県蔵王のスキー合宿を選んだ。

松坂屋デパートの仕事を終え、東京駅から夜行列車に飛び乗り、ほとんど眠る間もなく朝方蔵王に着き、バスでスキー場に直行。丁度授業が始まるタイミングに間に合い、ゲレンデを一人ひとり滑って初級か上級かを分ける試走があり、あいうえお順なので私「居相」は3

番目だった。

「下で待ってる指導員のところまで自分の好きなように滑れ。GO！」

いきなり滑るとはいえ昔取った杵柄、上級者クラスに入った。

スキー合宿に行く前に終えた後期試験、第二外国語のフランス語。フランス語は大学に入って初めて習う科目だったのと、日大芸術学部きってのうるさい名物教授がいた。出席率が足りなくても落第、試験の点数が60点以下も容赦なく落第とした。お涙頂戴もなければ下駄をはかすことのない厳しい教授として有名だった。卒業論文まで終わっているのに卒業できない5回生、6回生は決まってこの教授の単位がとれずに卒業できなかったのだ。考えればバカバカしい話ではあるが半面筋の通った「日芸」らしい気骨のある教授だった。

その教授はフランスに留学し、顔を見なければフランス人が喋っているのではと聞き惚れるほど流暢なフランス語を操るが、フランス留学時代に死ぬほどの事故に遭遇していた。酒が好きで、ある夜、飲みすぎて電車の線路の上で寝てしまったそうだ。両脚を切断されてもおかしくなかったと、事故の凄さを彼の友人だった教授から聞いた。

両手で松葉杖を操って歩く姿は滑稽なほど不恰好な身体障害者だった。

2年間にわたり毎週のように授業を受け（計算して出席率は60％だったが）、それは2回生下期のフランス語最期の試験の時だ。

教室には5回生、6回生も含め百人近い学生が席に居た。そんな中試験が始まり、私は40分ほどで解答し終わった。静かな教室の中を一人立ち上がり、教授に向かって歩いた。じっと見つめる教授の目線と私の目線が合った。

〝火花が飛んだ、無言の言葉が弾けた！〟気がした。答案用紙を教授に渡し、時間途中で悠然と退席した。すると私の後を追っかけるように、もう一人解答し終わって退出した女性がいた。途中退出は私と彼女の二人だけだった。

教授はその場で点数をつけた。二人とも百点満点だったので試験の終わったあとすぐ、外の広場の掲示板に答案用紙を張り出した。

彼女と一緒に喫茶店で祝杯を挙げた。仲間からも喝采をうけた。肌のきれいなうりざね顔の笑顔が素敵な女性だった。

彼女は歌が大好きで、六本木と渋谷の歌声喫茶で歌っていたので手土産をもって楽屋裏を訪ねた。素直でハツラツとした歌いっぷりはとても好感が持てた。

彼女の自宅は田園調布にあり、招かれたことがある。高級住宅街の一画にある裕福な家の出身だった。そこは昔、渋沢栄一が欧米の都市を念頭に入れて住宅開発を行い分譲し、それに伴う鉄道を走らせ、東京急行電鉄通称「東急」の始祖となったところだ。

同級生の名前は、本名　山口直美、「歌手名　佐良直美」。

1967(昭和42)年大ヒットソングになった彼女の歌は「世界は二人のために」。

その年、NHK紅白歌合戦に初出場し、翌年の選抜高校野球大会の入場行進曲にも採用された。


スキー合宿から戻ってすぐの頃、大阪に移った篠原君が丸井林店勤務の美人の販売員と結婚式を挙げるので出向き、友人代表として祝辞を述べた。

翌日、篠原君が所属契約していた太田商会のオヤジさんが人を探しているというので、話だけ聞こうと思い、片町線の森小路の事務所を訪ねた。するといきなり、

「九州小倉の東映会館ですし器の宣伝販売の仕事があるねん。売場を空けるわけにいかへんさかい明日一緒に行こか」

多少世慣れしてきてはいたが、九州には修学旅行で行った程度で西も東も分からないところなのと、「寿司器」は見たことも触ったこともなく、その宣伝販売をやらないかという誘いに戸惑わずにはおられなかった。しかし、事前に篠原君から吹き込みがあったようだ。

「真面目で器用な男や、宣伝販売は何でもこなす奴ちゃ」

「寿司器は始めてやろ？　わしが教えてやるから心配せんでもエエで」

と追い打ちされ、断って逃げ出すわけにはいかない羽目に陥った。〝ああ、オレの顔には、金を稼ぎたいと書いてあるのかナ！〟。試練と思いチャレンジを受けるしか選択肢はなかった。

〝100％歩合の宣伝販売なんてやったことないし……〟と躊躇する間もなく、次の日の夜行列車に乗って朝方福岡県小倉駅に2人は着いた。道中列車は通路に人が立つほど満席だったが我々は座席指定が取れて座っていた。オヤジさんは慣れているのか、ムンムンする車中でもスヤスヤと良く眠っていた。

あまりにも急な展開だったので私は眠れないまま小倉駅に着いた。その足で駅前の繁華街の一角に建つ東映会館に入った。オヤジさんは、昨夜のうちに奥さんが用意していたご飯と海苔と寿司ネタになる卵焼きをかばんから取り出した。

「寿司ネタにする三つ葉とかまぼこを買ってきてくれ」

と私に小金を渡した。

地階は食品売り場になっていた。始めての場所をうろうろ探しながら野菜売場と乾物屋を見つけ何とか調達した。

売場に戻るとすでに何人か卓の前に人が立っていた。オヤジさんは私から寿司ネタを受け取りながら、目の前の客を逃がさないように巧みに話をつなぎ、器用に寿司器を使って「巻き寿司」を作って見せた。そして、〝この道具を使えば誰でも簡単に巻き寿司ができるんだヨ〟と見てる人たちが〝じゃ、一つ買ってみようか〟と思わせるほど雄弁だった。

横で見て聞いていた私は〝ただ感心した〟としか言いようがなかった。〝オヤジさん、この商売何年やってるのだろう？〟通り過がりの人を立ち止まらせ、聞き耳を立たせながら惹きつけ、魅了し、その内何人かは財布を開いて納得して買っていく。そんな買わせる弁舌はそう簡単にできるものではない。単に練習して身につくものではなく、実践と経験を積み重ねたものでなければ身につかない技というか、術というか、とにかくすばらしい話芸なのだ。客が立ち止まって聞いてくれて納得させる一通りの説明と費やす時間を「一卓」と言った。

一段落したところで口上を止め、休憩に入った。

「昼飯にしよヤ」

オヤジさんは私を3階のレストランに連れて行った。メニューを見て注文したあと、

「見てたやろ、憶えたか？」

「感心させられました」

「アホ、感心しててどないすんねん。午後からお前一人でやんねんでー！」

〝ちょっとちょっとそれは待って！〟と心の中で叫んでいたが、口をついて出たのは、

「判りました。ではもう一回教えてください！」

飯も喉を通らないまま、先ほどのオヤジさんの口上と寿司器を操る動作手つきが頭の中をめまぐるしく回っていた。

「明日約束があるから今日中に大阪へ戻らなあかんねん」

と言いつつ、午後から五卓ほど実演してくれ、そのあと、私にメモを差し出した。

「今晩泊まる宿の電話番号や。ほれ、この近くやから自分で電話して探し」

「しっかり稼ぎや！」

と言って小倉駅のホームに向かってすたすたと足早に消えていった。私は見ず知らずの場所に一人取り残され……。

宿は小倉駅裏の新地にあった。2度3度電話してやっと辿り着いた宿は、全国を回る行商人たちの旅籠旅館で、自分達で賄いができるように、古びていたが釜戸や七輪も備わり、隣

には新しいガスレンジが幾つかある。

翌日はオヤジさんが残していった「ご飯」を使ったが、ご飯がくたびれてそう何度も使えないことが分かり、電気釜と米を購入し、毎日宿屋で飯を炊き用意した。浪人生活中は自炊していたので抵抗もなかった。

完全歩合の宣伝販売は売上げの20％が稼ぎになるが、固定給がないので寿司器を売らなければ1円にもならないのだ。下手したら足が出る。持ち銭も多くはなく、兎に角死に物狂いでやるしかなかった。

東映会館の並びの2軒先にある小倉で最も大きなデパート「井筒屋」に出向き、家庭用品売場で「調理器」の宣伝販売をしてる同業の人の口上と仕草をじっと観察した。口上には導入部と展開部があり、道具を手際よく使って人の目を惹く一品を作って見せ、便利さと値段以上の価値があるという〝落とし〟の部分があることが分かってきた。これを一卓として上手く回し、目の前の客を切らさないように二人が交代しながら惹き付けていた。この人たちもベテランなんだろう、年季が入った見事な口上と手さばきだった。

いざ自分がやるとなると、なかなか思い通りにできるものではない。ぎこちないことはなはだしい。自分がそう思うんだから人が見ててもさぞかし滑稽だろうと感じながらも、やり続けるしかなかった。

「井筒屋デパート」に出向いた折、「新米なのでよろしく」と挨拶し、頭を下げた。二人は、Sさんと名乗る夫婦だった。

1万円以上売上げないと、歩合が20%なので宿代やネタ代を引くとたいした稼ぎにならないのは分かっているが、現実はままならず、売上げが1万円どころか5000円台の日もあり、見知らぬ場所で知合いもなく何度も挫けそうになったが、その度に〝俺は浪人して同期より3年遅れてるのだからそれを取り戻す試練だ〟、〝若いとき苦労は進んで飛び込め〟とか、〝苦労は出世の入り口、急がば回れ〟と自らを叱咤激励するしかなかった。

〝歩合制だからこそ実力次第で稼げるチャンスじゃないか〟。

旅館には、井筒屋デパートで調理器の宣伝販売をしていたSさん夫婦も同宿していた。

ある日の夜、襖を外した大部屋に、座布団を囲んで10人近い人たちが両側に座っていた。その場は、真剣な眼つきと、なんともいえない緊張の雰囲気に包まれていた。

花札賭博が行われていたのだ。一瞬足が凍りついた。Sさんカップルの眼は血走っていたので、さすがに声をかけるのを遠慮した。当時、鶴田浩二や高倉健など主演の明治大正時代を背景にした、着流し姿の荒くれ渡世人博徒映画がよく流行っていた。

全国を股に駆けて売り歩く行商人たちが大勢いるのを知った。彼らは一箇所に留まらず、拘束されるのを嫌い、彼らなりに〝自由人として生きる姿〟をそこに見た。

数日後、Sさんは、

「宿泊者相手なので掛け金は小さい」

と弁解がましくいっていたが、間違いなく博打だった。

「居相さんなんかが関わるところじゃないよ」

ともいった。〝私は遊び人には見えない〟ということなのか……。でも、賭場に一度座ってみたかった!。

誘惑の多い町小倉に1カ月半ほど滞在した後、次に指定されたのは、関門海峡を渡った下関駅前の大丸デパートで、6階に催し物特設売場があり、その一角で「寿司器」の宣伝販売を行なう仕事だった。東映会館では、朝から晩まで毎日もがき苦しんだので〝少しは磨いた腕〟と気持ちに余裕があった。とはいえ中途半端な気分でやれるものではなく、全身全霊を賭けてといっても大袈裟ではない。

雄弁なだけで客を魅了することはできないし、魅了しても買ってもらわなければ商売にならない。他人同士の人たちが、あるとき・その時間・その場に居合わせたにすぎないが、ものの珍しそうに興味を持つ人、半分逃げ腰の人、疑いの目を持つ人などいろいろいる。それぞれが他人であり、無関係なのに、ときに卓の前に立つ客と一体になる瞬間がある。偶然では生まれない。目配りしながら人を引き寄せ、場を盛り上げ、立ち留まさせるのが第一段階。

テクニックには、手の動作と話の持っていき方にあるのと、1人、2人の客を逃がさないために、ときには話しかけるようないい回しや黙って何か始めそうな身振りや手つきをして見せるとか、場の雰囲気を作り上げていくのだ。また手品ではないが客が〝えっと驚く〟、〝びっくりする〟、〝へーと感心する〟、〝面白い〟という風に警戒心と解いて「興味を持たせる」のが第二段階。

次に、既存のものに比べると便利で、使い勝手がよく、だれでもできると「自分で考えさせる」のが第三段階。

〝かみさんが喜ぶ〟、〝欲しい〟と思わせ〝これは買い得だ〟と財布に手がゆく第4段階。商品とお金を交換する最終第5段階まで一卓、一卓が真剣勝負なのだ。

後年分かったことだが、この購買者の心の変化の順序は、アメリカの心理学者アブラハム・マズローの、人間の欲求5段階理論に則っていた。マーケット・リサーチも新商品の宣伝広告も販売促進も、このマズローの欲求段階説がベースに理論化されたものといっても間違いない。

しかし、こちらが一生懸命になっていても締まらないときは何度もある。例えば幾重にも客が卓を囲んでいても、真ん中にいた客がひとり退ち去るとその場が壊れて一辺に散り去ってしまう。むしろその方が多い。それでも諦めずにまた一から客を1人2人と立ち止まらせる努力を重ねるのだ。神経を集中し、話し続けるのは大変なエネルギーを消耗するので疲れるが、結果が即収入に直結するので如何に多く売るかに腐心した。

今晩泊まる宿屋を探さなければならなかった。

大阪の太田商会に電話すると、同じ大丸の家庭用品売り場で宣伝販売している佐久間さんに頼んであるという。

初日、仕事を終え佐久間さんの後に付いて下関で初めて迎える旅館に向った。

その宿は、駅裏の新開地にある行商人が泊まる木賃宿だった。昔、赤線地域だったところでその余韻か、夜になると薄暗い路地の両側にずらっと立ち並ぶ女の姿があった。それぞれ派手な化粧と派手な洋服を身に着け、和服姿もいた。やがてやってくるだろう男性客を待つ風俗地帯だった。

表通りから路地に入った途端、その場面に出くわすと一瞬立ちすくみ、身体に緊張が走った。佐久間さんはその中を平然と歩いてゆく。なかには、

「今日もお疲れさん！」

と声をかけてくる女もいた。佐久間さんは軽く手を挙げ、

「オッス！」

と応えていたが、佐久間さんの後ろについて歩く若い男の顔を、じっと見つめるみんなの視線があった。居並ぶ女達が途切れてまもなく目指す宿に着いた。そこは夜の蝶の仕事場でもあった。

〝慣れ〟とは不思議なものだ。毎晩その路地を行き来するようになると、同じ顔の女がほとんど同じ場所に立っているのが分かってきた。その内声を掛けられる。

「お帰り！　今日はどうだった？」

「お兄さん、半分でいいわよ」「今晩はタダでいいワ」

こちらも若いのだからときには割安で、いい思いも体験した。

東京に帰る前、母が、〝父と寄りを戻した〟といっていたので大阪に立ち寄り、倒産後も

八尾に住む父親の工場を生まれて初めて訪ねたが、母は福知山に帰っていて会えなかった。両親の夫婦仲が悪くなって父は帰福しなくなり、私の高校生、浪人時代は一度も顔を合わせていないので父子8~9年振りの対面だった。

そこは戦前に建てられた、古びた錆びたトタン葺きの屋根に、窓ガラスは割れ、黒ずんだ隙間だらけの板張りの建物がコの字型に3棟建っている。工場の入り口の木製の扉は数年閉まったままだったのか、蝶番が壊れて、力で持ち上げて動かさなければ簡単には開かないしろものだった。廃屋に近かったが、父はその工場の事務所の奥の一間で寝泊まりしていた。

2年前、私が日大芸術学部に入学した年の5月に倒産した父は、会社の整理に2年近く費やし、債権者、特に銀行との折衝がてこずったようだ。借財を二千万円に絞り、当面何とか月千円ずつ返済することで話が折り合っていたようだ。全額返済するまで83年かかるが……。

父は徳島大学薬学部の同期の仲間が勤務する会社から、薬品産廃物から蒸留して水銀を回収する仕事を受け何とか生活していた。誰もいない暗い工場の中を案内してくれたが、2時間ほど居て早々に立ち去った。

東京に戻り、日芸江古田キャンパスに顔を出した。教養課程は修了し、専門課程の3回生に上がり、映画監督を目指していたので、放送概論、TV制作、映像技術、監督・脚本等の専門科目を選んだ。専門課程の教授の顔ぶれに、映画監督山本嘉次郎、放送作家並河亮（NHK、毎日放送、翻訳家）、の名前があった。

4回生は卒業論文だけなので放送作家の並河亮教授の教室を選んだ。当初は卒論にシナリオを一本書くつもりでいた。タイトルは「偶像の黄昏」。テーマは、太平洋戦争が1945年8月15日に終結して20年目の1965（昭和40）年に20歳を迎える青年を主人公に、その目を通して日本の歩みを辿り、食うや食わずの時代から成長に転じていく道程を描く構想だった。

意を決して山本嘉次郎先生に会いに行った。山本嘉次郎といえば、門下生に「映画監督黒澤明」がいる。私の顔をじっと見て、いった。

「君、映画監督はね、40歳になってもなかなか飯が食えない職業なんだぞ！」

黒沢明監督「羅生門」がヴェネチア国際映画祭で金獅子賞を受賞したのは40歳のときで、日本映画の巨匠としてまた、世界の映画人に多大な影響を与え「世界のクロサワ」の名声を永遠のものにしたのはそれ以降の50歳、60歳代であった。

「映像の世界に本気で飛び込んで生きてゆく気はあるのか！」

と一喝された。「食っていけるのか？　才能あるのか？　シナリオの一本も書けずにどうするのか？」と自問自答した。

1965（昭和40）年、暑い夏、東京に戻って人材派遣会社の池袋マネキンに顔を出すとすぐ山本商会を紹介された。

山本和廣氏は数年前に大阪から上京し、この店を本拠地として宣伝販売を営んでいた。その熱意と実績が赤札堂に認められ、商号「山本商会」として取引口座の開設に及んだのだ。10月に入って、山本さんから山本商会の専属になって欲しいと嘱望され、それに応じた。

一方、樫村商店の樫村さんは東京横須賀線の大井町、蒲田、川崎駅のステーション・ストアのひと隅を借り、3～4人ほど雇い、靴クリーム専門の宣伝販売を行なっていた。当時、高島屋ストア川崎店の支配人に認められ、靴クリーム以外の商品に手を広げようと考えていた矢先に山本和廣氏と出合った。互いに商売の拡張を考えていたので意気投合し、昭和41年、年明けに山本さんが社長に、樫村さんは専務に就き、有限会社山樫産業が誕生した。メンバーは山本商会は番頭格の私と、友人篠原君を誘いその仲間を呼び、樫村商店の3～4人を合わせ、10数名の規模でスタートした。

そんな中で〝仁義をとるか、正義を選ぶか〟を問われる出来事が起きた。東京上野赤札堂で寿司器の実演販売の仕事でのことだ。

赤札堂の仕入れは、商品は原則店側の買い取りだった。宣伝販売の商品も売る前に仮納品し、店で売った分だけ、つまり仮納品数から残った分を差し引いて納品書を切るシステムだった。

「調理器」を実演販売するのに料理を作ってみせるので、毎日ゴミが出た。篠原君はそのゴミと一緒に「調理器」も持ち出していたのだ。これは明らかに不正行為で店に分かると大変なことになる。今までの二人の付き合いから、この不正は見て見ぬ振りする選択もあったが、良識を超える行為であった。それを認めれば自分を偽り、良心の呵責に耐えられず、破滅することになる。山樫産業も即取引は停止になるのは自明の理だった。

「篠さん、それ不味いよ。ばれたらタダでは済まないヨ」

「要領かませろヨ。俺がやってるんだから放っといてくれ！」

何度か話し合ったが埒があかなかった。2週間がすぎ、1カ月も過ぎ、2カ月を経った頃、売り場の係長が伝票を見ながらそれとなく、

「調理器ってこんなに売れるの？」

と、どこか疑問の含みのある尋ね方を私にしてきた。〝これはヤバイと直感した〟。その夜、

「頼むから止めてくれ！」

と、再度、篠原君に懇願したが、彼は不正な商品の持ち出しを止めなかった。仕方なく、山本社長に告げた。表ざたにならずに済んだが、それを機会に篠原君と彼を選んだ仲間とは袂を分つことになった。彼には世話にもなり、得がたい友人だったが、無念至極！。善悪の価値基準が異なる以上別離は仕方がなかった。

卒業論文の提出期限が間近だった。当初構想した「偶像の黄昏」は未完成に終り、提出した卒論は全く異なる内容で、テーマは「テレビという放送媒体の浸透とその影響」。当時テレビは高級品であったが、社会評論家の大宅壮一氏が生み出した流行語「一億総白痴化」は、テレビというメディアは非常に低俗なものであり、テレビばかり見ていると、人間の想像力や思考力を低下させてしまうという意味合いだった。芸術学部に籍を置く者としては受け入れざる毒舌家の論評と受け止め、テレビこそ大きな影響力を持つメディアであり、その有用性は、例えば、瞬時にして全国に映像を流すという離れ業をやってのける今後のマスメディアの中核になるものであり、それを視聴した個人が独自に判断を下せばいい、とい

う内容のものだった。全く突っ込みが不足していた論文と自覚していたが、面接時に並河亮教授から、

「現状分析に終始していて消化不良」

と指摘され、

「今後のあるべき姿と方向性、そして、もっと独創性がなければ……」

と最期の面談で詰問もされたが、卒論は受領してくれた。

1967（昭和42）年3月、日本大学芸術学部の卒業証書を貰い、学業と職業の二足の草鞋を履いた苦学生活も終り、無事大学は卒業した。

3年出遅れたように見えるが、その間、親からの仕送りも断り、それをバネに大学生活4年間で学び得た体験は、遅れを取り戻し、むしろ超えるほどの逞しい社会人になったと自負できた。人生を自らの力で切り開き、社会で自立して生きていく自信を身につけ、そして野心を持つまでになっていた。将来目指すのは「社長」になることだ。

「無事卒業できた」と母親に手紙を書いた。

〝母親の存在なくして今の自分はない。母親には随分心労かけたけど、今後は親孝行する〟と伝えたい心境だった。

当時大卒の初任給は2～3万円だったが、私は山樫産業の番頭格として既に月給10万円、初任給の4～5倍貰い高給取りになっていたので、卒業後もこのまま山樫産業に勤め続ける道を選んだ。芸術家への道も、事業家への道も共に人を頼らず、組織に埋没せず、自分の意志で独自の道を生きることだ。

大学受験浪人と苦学の7年間で学んだのは、〝艱難辛苦は汝を玉にする〟。

芸術家への道も

自分の意志で、独自の道を生きるんだ

事業家への道も

なぜ倒産に至ったか

英機、東京滞在の最後

1967（昭和42）年、日本は高度成長期のさなかにあった。山樫産業は会社を立ち上げて僅か1年数カ月だったが、家庭用品の宣伝販売とアクセサリー催事販売は順調に営んでいた。どこで聞いたのか山樫産業は急成長している会社との噂が広まり、家庭用品やアクセサリー用品を扱う業者の売込みが頻繁にあった。

「宣伝販売する商品として何か自社で開発できないか」と社長と私を中心に模索していた。家庭の台所で、頑固な汚れ落としに困っている主婦向けに洗剤が求められていた中で、売り込み品に「ノイエス」という缶入りの練り洗剤があった。「ノイエス」はガスレンジの上で鍋やフライパンから噴きこぼれて焦げ付いた汚れも落ちるという用途に、〝これは売れる〟と直感した！。

「卓」のストーリーを創作した。過去の経験を生かし、用途、特長、使い方の口上を考え、実演は実際に汚れを落とす見世物として醤油やソースをかけたガスレンジをガス火で真っ黒に焼いて、それを事前に何枚も用意し、実物の電気釜やおもちゃの冷蔵庫などをテーブル上に並べ、御徒町の赤札堂で実演販売を試みた。

テーブルの周りにはお客が集り、二重三重の輪を作り一通りの〝卓〟が終わるとどっと売れた。夕方には用意した在庫がなくなった。予想以上の反応に社長、専務を始め、歩合給で宣伝販売していた販売員もこれはいけると感じたようだ。

ところが、問題が発生した。赤札堂での販売価格は95円均一の売り場だった。ノイエスの定価は150円なので「そんな安い値段で売ってもらうと困る」とメーカー先から苦情が出たのだ。

「じゃ、自社で製造しよう」

事態は急展開した。ノイエスには欠点もあった。時間が経つと、水分が蒸発し、固くなり、ひび割れが生じ、水を加えても元に戻らず、見た目も悪く、使い勝手が悪いのだ。

これを改善し、量も多くし、缶のデザインも変え、レモンの香りを加え、レモンゴールドの色に統一した。ネーミングは「ハイホーム」、すべて私が主導し、商品は完成した。

通常家庭用品向け宣伝販売の「歩合い」は販売価格の15～20％が相場だった。

ハイホームの販売価格は150円とし、自社で製造し、自社で販売するから流通が省けた分、販売員の歩合を20％にさらに5％アップして25％に設定した。そして新製品「ハイホーム」が売れるか売れないか、高島屋ストア、ダイエー、西友ストアなどの売場で私が自ら実演販売をしてみせた。

〝売れた！　売れた！　これは、誰が販売しても売れる商品になる〟と確信を得た。

その上25％の歩合給は大変な魅力だ。1万円売れば日給2千5百円になるのだから販売員は誰もが飛びついた。そして暫くは販売員の育成に努めた。上手下手はあるけれど、家庭用品の宣伝販売は1日100個売るのが目安だった。

国鉄横須賀線川崎駅前の岡田屋ストアで「ハイホーム」を宣伝販売したときは、びっくりした！　〝1日で5〜6万円も売れた〟のだ。販売員は1日で1万円から1万5千円を稼ぐのだ。サラリーマンの平均初任給を2日で稼ぐ勘定になる。販売員は勿論、店も会社も製造元も大喜びで有頂天になった。

「ハイホーム」の宣伝販売は、各売場とも歩合の率と競争心が功を奏し、売上げを急激に伸ばした。それを耳にした他の宣伝販売員も10数名から20名を超え、各売り場の指導に私は奔走した。

山樫産業は、自社製品「ハイホーム」の実演販売だけでなく、アクセサリーの催事販売にも力を入れた。催事は一人ではできないのでチームを組んだ。

スーパーやデパートには必ず催事場がある。週単位や月単位で集客方法として催しを開き、チラシに催事の広告を載せる。

以前、池袋マネキンから派遣員で経験した「天然石の無料進呈」するアクセサリー販売を行った。入店客に「天然石の無料進呈券」を配り、「特設売り場に持参した方には天然石を一つ無料で差し上げます」と謳った。

会議机2本を合わせ2尺×6尺のスペースにビロード状の黒布を敷き、そこに数百個の指輪用の天然石を隙間なく、無造作にばら撒いて置く。メノウ、クリソ、白メノウ、黒曜石、虎目石、水晶、トルコ石などである。無料進呈券を持参したお客に、

「いらっしゃいませ、どうぞお好きなものを一つ選んでください」

と声をかけ、用意したテーブルを指さす。

すると色とりどりの天然石に目をとられ、立ち止まり選び始める。次から次へと無料進呈券を持参する女性客はテーブルに惹きつけられ、二重三重に囲み、自分の好みの石を選び拾い上げて、ほとんどの人が自分の手の指に当てて見るのだ。このタイミングで、

「お似合いですね！」

と笑顔で声をかける。石だけでは指輪にはならない仕掛けなので、

「サイズはこれくらいですか？」

と1サイズか2サイズ大き目のシルバーの指輪台を差し出すとほとんどの女性は受け取り、中指か、薬指にはめる。

「これ大きいわ！」

「失礼しました。お客様の指はもっとスマートですよね」

と中指か薬指にはめたかを見届けた上で丁度いいサイズを手渡すと、指輪台を指に刺し、石を入れて眺める。そこで、

「ぴったりですね！」

という。相手がニッコリすればしめたもの。値段と財布の中身との相談だろうがほとんどのお客は買ってゆく。

チェーンストアは1週間単位で次の店に移り、大きなショッピングセンターでは1カ月のロングランの催事も行った。事前にチラシにタレント誰々来店と謳って、「梅宮辰夫」「望月優子」を迎え、サイン会をしてお客を呼び寄せる企画も行った。

そんな時期、若い販売員早川七郎君から、

「兄貴が勤めていた工場が閉鎖したので困っている。何とかならないか？」

という相談があった。とりあえず、一度会おうと新宿の喫茶店で待ち合わせた。がっちりした体格で腕っぷしも強そうだった。

「兄貴は真面目が取柄の男です」

という弟の紹介だったが、口数は少なく、人前に出て話ができそうには見えなかった。少ししてわかったのだが彼は〝吃り〟だった。話をしていて途中で何度か吃るのだ。

「根は真面目な男ですから何とかならないか」

私に預けるというのだ。

宣伝販売では口上中に吃るのは致命的だ。口上を丸暗記させ、何度も何度も繰り返し練習させた。本人も真面目に取り組んだので、何とか生活費を稼げるまでになった。

〝その彼が後に私の片腕として働いてくれる男になろう〟とはそのとき想像すらしなかった。名前は「早川六郎」である。

台所用洗剤「ハイホーム」の宣伝販売とアクセサリー天然石無料進呈の催事は、２大事業に成長した。山樫産業の山本和廣社長は、人生の中でもっとも精力的で脂の乗っていた時期にあり、野心に燃えていた。昔若い頃、浪速の祭りの取り仕切りを任されていたテキヤだったと自ら語っていた。「ステッキのヒロ」と呼ばれて、一目おかれ、難波では名を売った時期もあったという。45歳のとき年の差半分ほどの若い女と結婚し、家庭を持ち、子供も生れ、出直すつもりで東京に出て来た。子供も3歳になっていた。

山本社長は〝自分たちのスーパーマーケットをつくろう！〟と狼煙《のろし》を揚げた。でもそれは〝無から有を生む夢のような計画〟だった。

十分な準備と時間が必要なことは当然だが、私は賛同した。番頭格の私が先頭切って賛成したので、もうひとつ乗り気でなかった樫村専務も不承不承同意した。ほかの人達はその決定に反対する理由はなかった。

山本社長は何から手を付ければいいのか模索の中にあったが、中央線中野駅周辺の不動産屋にしばしば足を運んだ。不動産屋に出入りする内に、あの土地は坪幾ら、こっちの土地は坪幾らと土地の相場が耳に入り、今まで未経験の不動産に深く興味を持ち、〝東京の不動産は毎年相場が上がっている〟ことを知り、どんどん知恵がつき始めた。

2、3の不動産物件の内、スーパーマーケットに必要な広さの候補地が千駄ケ谷に見つかった。みんなで千駄ケ谷の土地の下見に出掛けたが、残念ながらスーパーマーケットに適した土地かどうか判断する尺度を持ち合わせず、判らないというのが実情だった。

そこで指導を受けたいと探し、東京新宿の〝NCR日本金銭登録機株式会社〟に相談を持ち掛けた。NCRは外資系のレジスターで精算する機械を販売する会社だったがスーパーマーケットストアのコンサルタント業務も行っていた。相手をしてくれた人は「渥美俊一」という人だった。後年になって知ったが、渥美俊一氏は、アメリカの本格的なチェーンストア経営システムをわが国に紹介し、日本のチェーンストア草創期に流通革命の先駆的理論的指導者としてダイエーの中内功、イトーヨーカ堂の伊藤雅俊、ジャスコの岡田卓也、イズミヤ、マイカル、ユニー、ニトリ等、戦後の日本の高度経済成長期において全国にスーパーマーケットをチェーンストア展開してゆく経営者たちを育てた〝凄い人〟だったのだ！

調査は、候補地を中心に半径200m、500m、1km、2kmの円を描き、それを商圏と見なし、その圏内の所帯数、住民数、人口密度、年齢層、所得層、人口増加率、学校、公共物、商店街、同業ライバル等の一つひとつを検証していくのだ。

スーパーマーケットとは、毎日食卓に並ぶ肉・魚・野菜（果物）の生鮮3品を中心に据え、あと日常生活に必要な商品をどう揃えどう並べてどれだけ集客できるか、また一人当たりの平均購買単価を予想し、その上で採算が合うかどうかの判定が立地条件になるということだった。

いい換えれば、〝客観的データを分析すればスーパーマーケットの出店に向くか向かないか、また規模もおのずから決まってくる〟というのだ。

千駄ケ谷の土地は、スーパーマーケットに適地か否かの評価を急いで出して欲しいとお願いした。「最低3カ月は掛かります」との返事。山本社長は結果を急ぐ様子で、「1カ月後に何らかの形で評価をいただきたい」とその場は終わった。

山本社長が急いだのはそれなりに理由があった。千駄ケ谷の土地は歴代材木屋を営んでいたM氏の所有地だった。山本社長は不動産屋から千駄ケ谷の土地の値段も幾らの物件なのかを知り得ていた。そこへ、M氏から提示された価格は知り得た相場の半値だった。

一方で、山本社長はF銀行と接触し、銀行側から、

「あの土地が更地になれば融資しましょう」

と内諾を得た。銀行も全額融資してくれるわけではなく、担保となる土地の相場の通常6割で、7〜8割も貸してくれれば好条件と見なされていた。

そこへ材木商を営んでいた地主M氏は、破格と思われる相場の半値を提示してきたのだ。

今回のスーパーマーケットの経営は、無一文からの出発だ。無から有を生み出す離れ業が必要だった。天からお金が降ってこない限り無理という状況の中で〝土地が相場の半値で購入できるのなら全額借入金で賄える〟と目論んだのだ。

〝信じられない話だと疑念を抱くべきだったが……〟。しかし、〝銀行が融資してくれる範囲内で土地が購入できる！　こんな上手い話に乗らない手はない〟。〝もしスーパーマーケットに向かなければ、転売すればよい。土地は値上がりこそすれ、値下がりすることはない〟と、その話に山本社長は飛びついたのだ。

山本社長の判断を疑問視し、とがめる人は誰もいなかった……。

残暑の厳しい年だった。9月に入り、NCRから土地調査報告ができたという連絡が入った。早速社長初め、専務、私ほか期待を胸に秘めながら出掛けた。NCRの会議室には対象となる土地が中心に位置する地図が壁に大きく掲げてあり、店舗位置を中心に距離別に円弧が何周も描かれていた。それを見て実現に向けて大きく前に歩み出した気がした。みんな興奮気味だったのが今でも忘れ得ない状景として残っている。

ところが、NCRからの説明は、

「詳細は詰めていませんがスーパーマーケットを開店する場所としてはお薦めできません」

と、いきなり酷な評価だった。

「道路に面しているのは良い場合と悪い場合がありますが、人が抵抗なく横断する道路幅は10〜20mで、この道路は東京の環状線なので車の往来が多く、人の行き来を遮断しているのが問題です。道路の向こう側の地域からこちらに買い物に来る人達に期待ができない」

横に座っていた山本社長は、その話を一緒に聞いていたにもかかわらず、なぜかうわの空だった。山本社長は、スーパーマーケットに向くか向かないかの調査を依頼したコンサルタント会社からの回答を待たずして、土地の購入を急いでいる風だった。

候補地の地主M氏と接触している内に、自分のペースに持ち込むのが上手い山本社長が逆に相手の言葉巧みなペースに落ちたのか……。何か悪い予感が走った。

不動産業は、〝目明き千人盲千人〟といわれる。世間はそれほど甘くないよといわれる反面、今日まで〝勘と経験と度胸で生きてきた〟山本社長は、〝この機会を逃せば二度とこんなチャンスはない〟と有頂天に酔っていた。〝めくら蛇に怖じず〟だ。

人は一度思い込むと、そう簡単に考えを変えることができなくなる。恋愛感情と共通するところがある。相手に惚れると周りが見えなくなる。経営者としては甚だ客観性と冷静さを欠くこの判別は、成功と失敗は紙一重といわれる所以でもあろう。

M氏が破格の値段を出してきたのにはM氏なりの理由があった。振出手形の決済のため金策に追われていたのだ。

M氏は山本社長の前のめりの姿勢につけ込み、更に喰いつく条件を付け足した。

「私は材木商を営んでるので、建売りや店舗業者に材木を販売してきました。建築業界は言わば庭です。今の建屋を取り壊し、跡地にお望みのスーパーマーケット用の店舗を建て、借家として家賃を払ってくれたらいいですよ」

「店舗は私の仲間がいるので、格安で建てることができます」

と甘言を衝き付けたのだ。急場の資金が必要なM氏は、手元資金がないままスーパーマーケット用土地を求めている野心家の山本社長に対し、手形取引を提案してきた。M氏は山樫産業振り出しの手形を銀行で割引して金を捻出し、土地の抵当権を全部抜いたあとに山樫産業の名義に書き換える。山樫産業は、〝土地の名義が山樫産業に変わるまでの間、担保としてM氏の会社の手形を預かる〟という双方で手形を交換するという条件だった。

更地になれば銀行は融資をしてくれる、と銀行から確約を取っていた。

抵当権を抜き、更地にするための資金を手形で発行し、担保としてM氏から同額の手形を担保に受け取り、手続きはM氏に任せたのだ。

M氏の会社の資産状況が開示され、直近の決算書、試算表も添付されたが、山本社長にはそれを精査するだけの能力は持ち合わせていなかった。樫村専務も、経理にはもともと弱かった。

「スーパーマーケットとして適地でない」

というNCRの調査結果にうわの空だった理由は、〝東京の土地は毎年値上がりしている。M氏の土地は相場の半額で入手できるのでスーパーマーケットに向かなければ転売して次の土地を探せばいい〟と山本社長は考えていたのだ。

山本社長が手形を発行し、それを元手にM氏が借金を返済し、その後山樫産業名義になれば銀行が金を融資してくれる。融資額の範囲で購入できる目算だったので成算はあった。その期間として半年を見込んでM氏と売買契約書を交わした。そして、ことは予定通り順調に運んでいるように見えた。

山樫産業はM氏からの手形の一部を銀行で割引してもらうよう依頼した。ところが銀行は、M氏発行の手形の割引を拒否してきたのだ。銀行間では既にM氏の会社はブラックリストに挙げられていた。

「リリ・リーン、リリリーン」

事務所の電話が鳴った。10月27日午後2時だった。

「居相さん、電話ですよ！」

大阪八尾に住む母親からだった。

「英機ちゃん、誕生日おめでとう！」

今日は、私が26歳を迎えた誕生日だった。

母親からの電話だったので緊張が緩み、電話の向こうの母親のにこやかな顔が目に浮かび、近況を確認しあう話をしていたその最中に突然、

「英機ちゃん、変なの！　頭がおかしい……」

私の話を遮断して不安そうな声で訴えた。

「お母さん、お母さん！　どうしたの？」

呼びかけても返事が返ってこなくなった。何か異変を直感し、身体が震えた……。

電話の最中に母は脳溢血で倒れたのだ。工場の現場にいた父親が3時の休憩に事務所に戻ると、一人で電話番をしていた母親が倒れているのを発見し、近所の八尾市民病院に救急車

で運び入院した。受話器は床に垂らしたままだった、と後から聞いた。

翌日、私は大阪八尾に飛んだ。病室のベッドに横たわる母親の姿があった。命に別状はないと聴かされたが、意識はなく、微動だにしない寝姿と、無表情の青白い顔はピクリともせず、ただ呼吸はしているようだった。

〝私を今日まで育ててくれた母、優しい母、怖い母、いつも元気で大きな存在の母親〟しか思い浮かばない。そんな母親があわれな姿で目の前に横たわっているのを見たとき、私は誓った。

〝この先、母親の面倒は俺が看る〟と。

M氏の会社の資金繰りは風雲急を告げていた。終末は坂道を転げるように早く来た。

11月20日、昼前、

「M氏の会社が危ない」

という情報。午後に入って、

「M氏の会社が倒産したらしい……」

そこへ突然M氏が、身も心も傷心しきった放心状態で山樫産業へ駆け込んで来たのだ。山本社長の顔を見るなり泣き崩れてへたり込み、山本社長のズボンの裾を掴んだまま、暫く顔も身体も床につけたまま動かなかった。

今日決済のM氏発行の手形の資金手当が付かなかったのだ。山樫産業発行の手形は既にすべて町の金融屋で割引し、M氏の手元から離れ、一銭も無くなっていた。目の前にあるのは万策尽きたM氏の嗚咽の姿だった。

あまりの事態の急変に、山本社長の身体は硬直し、顔は真っ青になった……。目が飛び出さんばかりに開き瞬きもせず、

「このガキが!!」

顔は引きつり怒りに満ち溢れ、仁王立ちしたまま暫く動かなかった。

〝融通手形の結末は残酷だ〟。このとき山樫産業の命運は尽きた。

〝山樫産業は倒産する〟という噂が流れた。

仕入先が動いた。数社押しかけてきた。今後現金でなければ売らないといってきた。スーパー開店準備担当の幹部社員は即時退職し、社内に動揺が走り、仕入担当の幹部と数人もそれに連れて退職した。倒産は時間の問題だったが、私は最期まで見届けようと思った。

私を初め営業担当は一斉に売掛金の回収に走り回った。回収したお金の一部を持って某高

利貸し屋に返済に行った。

高利貸しを訪ねるなど、生れて初めての経験だったので正直怖かった。金利だけ期日までに返す、10日間待ってまた1割の金利を払うのだ。これが世に言う「トイチの金利」だ。高利貸し屋には専務が対応していた。

最期の最期まで金策に追い回され、綱渡りの日々もいよいよ万策尽き、二度目の不渡りとなる終焉の日がやってきた。

山本社長は眠れぬ日々が続いたのだろう。私が一人居た応接間にフラフラと入って来て、つぶやいた。

「居相、もうダメだ！」

放心状態のまま立って入られなくなったのか、膝がガクッと床に落ちた。顔は斜め上天井を見据え、目は真赤に充血し焦点は定まらず、〝絶望と恐怖心のきわみを感じた瞬間だったのだろう〟、憔悴しきった半開きの口から泡がブクブクと吹き出てきたのだ。これが奈落の底に落ちた姿なのか……。

私を兄貴と慕う若者と事務所に残って、一睡もせず朝を迎えた。

日が昇り始め、周りが少しずつ明るくなってきた。朝6時ごろ、トラックに乗って一人やってきた。花小鉢を納めていた馴染みの仕入先だった。倉庫に残っていた小鉢をトラックに積みそのまま立ち去った。

それから1時間ほどしたとき、車が2台会社の前に止まった。どやどやと風体いかにもその筋のものと分かる連中が5～6人険しい形相で入ってきた。

「社長を出せ、社長はどこや！」

他の者は何か金目になるものを探し廻っていた。倉庫といっても狭い2間ほどの部屋なので、すぐ見渡せた。机の引き出しを開け、金目のものを探したが何も見つからなかった。

今度は私の傍にやってきて襟首を掴むと、

「社長はどこや、どこに隠れてるんや！」

といかつい顔で脅し、罵声を発した。

私は足が震え、声も震えていた。正直怖かった。口から心臓が飛び出すかと思われるほど怖かった。

「俺たちも社長を探してるンだ。だからここで待ってるンだ！」

「お前、何者だ！　社長はどこに行った！　どこに隠れてるんだ！」

「俺たちも社長を探してるンだ」

と押し問答を繰り返した。拉致が上がらないと諦めたのか、殴るでもなく、机をひっくり返すでもなく、何か仲間内でぐちぐち言いながら出て行った。ある程度覚悟はしていたものの、出て行くと身体からすっと力が抜け、頭が空っぽになったのを憶えている。

いつもは売場に直行する社員たちが、8時前後になるとぞろぞろ事務所に集ってきた。山樫産業が倒産するという噂はみんな知っていた。Xデーがいつになるかは分からなかったが、夕べからの動きはそれぞれ電話で連絡し合い知ったようだ。

自分達の働く職場は黒字なのに、なぜ急に倒産したのか理解に苦しむ社員も居た。危機が囁かれて倒産に至る期間があまりにも短く、信じられないという思いが誰にもあった。

社長は博打や飲み食い、ましてや悪い女に貢いだわけではない。全うに商売に打ち込んでいた姿を見ていた、にもかかわらず、〝なぜ倒産に至ったのか……?〟。

不動産は毎年上昇している、土地の売買は儲かるという欲に駆られて、事業の拡張を夢見た山本社長の隙間に入り込んできたM氏に騙されたのが、最大の理由だった。

そして融通手形に対する無知が二番目の理由といえる。融通手形の交換によりM氏の倒産の被害をもろに被むり、極度の金欠状態を招いてしまったのだ。

会社が倒産したとなると、社員たちは態度が変わる。倒産となると上下関係もなく言葉使いも態度も変わり、収拾がつかなくなる。それぞれ自己主張し始め、自分にとって損か得かが判断の基準となり、隠れていた自我が噴き出してきた。

血相変えた仕入先の何人かは、嘆き怒鳴り散らす。

「社長に裏切られた！」

「社長に騙された！　どう弁償してくれるのか！」

前日まで売場では物は売れていたのだ。その人達も多くの負債を被ったのだろう。

「まだ債権は残ってるだろう！」

「債権者会議はいつ開くんだ！」

叫んだ仕入先もいた……。

「倒産」という嵐が去って数日経ち、取り立てに来る者もいなくなったので、山本社長と樫村専務に電話で連絡した。

「お前のせいで倒産した！」

「俺じゃない。お前のせいだ！」

責任と罪のなすり合いを行ない、犬猿の仲になっていた。

残されたのは、大口売掛け先からの債権の回収があった。山本社長は御徒町の赤札堂、樫村専務は高島屋ストア川崎店に残った売掛金の回収を考えていた。

それぞれ個別に当っていたが店側は法律を盾に、「支払日までは手が付けられない」と突っぱねた。

法的手続きが必要となるので間に立つのは弁護士だ。店側も弁護士を要求してきた。赤札堂の紹介で新宿に事務所を持つ吉田弁護士に依頼することになった。

社長と専務が喧嘩状態なので、私が中に入るしか交渉できなかった。2店の売掛金と直近まで売り上げていた分を合計するとかなりの金額があった。

驚くべきことに、Y高利貸し業者は既に法的手段に訴えていたのだ。Y高利貸しは、山樫産業に金を貸すとき白紙委任状を取っていたのでそれを添付して、貸した元金を赤札堂と高島屋川崎店の両方に法的手続きとして〝内容証明付き書留速達〟を送付していた。

両店の山樫産業に対する買掛金の支払を法的に拘束してきたのだ。それを知った吉田弁護士は私に助言した。

「従業員の給料は、債権者として最優先に代物弁済の権利がある」

高利貸しに奪われるくらいなら、社員の給料に充てるべきだ、と思った。最初は、倒産の成り行きも経験、と考えていたが、〝トイチの金利で散々稼いでおきながら、高利貸しには元金の回収にこんな手があるのか〟と驚きもした。

吉田弁護士に、

「戦いたいので力を貸して欲しい」

とお願いした。快諾され、両店の支払日までに必要な書類の作成と法的手続きが提示された。

一つに従業員の給与に当てる代物弁済書を作成し、そこに社長の判子が必要だった。

二つに私が従業員代表になるために従業員の同意書と弁護士への委任状。

三つ目は両店への売掛金額の範囲以内に抑えることだった。売掛金額の範囲を超えると店側は支払が出来なくなり、裁判所に供託せざるを得なくなるからだ。

三つとも難問だった。

従業員から私への委任状を十数名貰い、足らずは文房具屋で三文判を押し、半数以上の数とした。経理担当の専務の妹を呼び出し、未払い給与の明細を大雑把に計算した。赤札堂は弁護士からの問い合わせに対応してくれたが、高島屋川崎店は回答を渋ってきたので、従業員の給与金額をかなり抑えて書類を作成した。

一番の難題は、山本社長の持つ代表取締役実印の押印だった。何度か会って話し込んだ、専務を悪者にもした、弁護士も加えて説得した。売掛金を取り押さえるには、両店の支払日の前日までに内容証明付き書留を届ける必要があった。期日が迫っている状況で、白紙委任状に判を押した高利業者はY社だけと分かった。Y社以外に2社、3社と出てきたら従業員の給与は最優先債権といえども売掛金の範囲以内という条件でなければ、店側は裁判所に供託し、債権者会議まで引き出すことは不可能ということだった。

当時、法的手段を最初から用意している高利貸し業者は少なかったと、吉田弁護士はいっていた。山本社長に向かって、

「白紙委任状に判を押してなければ、トイチの金利は違法行為なので高利貸し業者は手も足もでない」

と法律的根拠を説き、

「債権者会議は来年以降私が管財人となって責任を持って開催する」

という条件と、

「従業員に給与を代物弁済したと判れば、山本さんの社会に再起する印象もよくなる」

と説明した。

渋っていた山本社長に私は耳打ちをした。〝代物弁済された給与金の一部を社長に渡す〟という条件で判を貰った。

クリスマス翌日の１９６７（昭和42）年12月26日18時、倒産に際し手のひら返した社員や裏切った社員を除いて、中野駅近くの鍋料理屋に山樫産業の元社員を集め、支払われるべき給料の50％をそれぞれに配った。

集った全員はすでに諦めていたので、まさか給料が半分でも貰えるとは考えてもいなかった。正月を控えたこの時期に、みんなから感極まる面持ちで受け入れられ、中には涙を浮かべて私の手を握り暫く離さない者もいて、大変感謝された。努力が報われた瞬間であり、若くして普通ではあり得ない貴重な体験をした。

山樫産業の倒産後、残った従業員で会社を再建する話が持ち上がった。

「ハイホーム」販売も、アクセサリーの常設や催事販売も、本業で失敗したわけではないので、

「居相さんを社長にして再建しよう」

と相談していた。吉田弁護士は、

「居相さんが社長になるなら、300万円だけどスポンサーになってもいい」

という申し出もあった。

みんなから東京に残って新しい会社を作り、社長になって欲しい、と強く要望されたが、

「母親の面倒は俺が看ると誓った。自分との約束があるから」

と断った。

1968（昭和43）年1月元旦、明日は大阪に発つので東京滞在最期の日となった。

新年の挨拶と別れの挨拶に私のアパートに何人もの人が訪れた。その中に和服姿の知久美佐子がいた。山樫産業に入社してまだ1年経っていなかった。彼女の存在は、半年ほど前に高島屋川崎店まで二人で電車に乗って案内したときから意識し始めていた。職場では何回か一緒に仕事したことはあったが、二人だけの交際は一度もなかった。でも彼女に惹かれていた。心中には何か特別な感情が湧いていた。

その彼女が別れの挨拶に来てくれた。座ったコタツの中で布団に隠れた彼女の膝の上の手を探って握った。最初はびっくりしてか手を急いで引っ込めた。それでもまさぐり何度か強く握った。すると彼女も強く握り返してくれた。心臓は大きく動悸した。

〝想いが通じ、満たされた気持ちが身体中を走った……〟。

95 英機、三重苦を背負う 歩も半歩の内

1968年1月2日、〝何が何でも一緒について行く！〟と言った20歳の比企克己だけ連れて、大阪八尾の地に移った。

父の経営する八尾の「近畿薬品工業株式会社」は、私が大学に入学した5年前の5月に倒産し、3年間閉鎖していた。そして2年前から細々と再開し、以前この会社に勤めていた70歳代の老人と50歳代のおばさんの従業員3人で、気化防錆剤の下請けの仕事を行ない、父は工業用産廃物を蒸留して水銀を回収する仕事をしていた。

〝母親の面倒は俺が看る〟という決意と「居相家」の因縁じみた断絶続きの「家系」を継いで再興するのは私の運命だと受け入れた。

多少蓄えはあったので自動車の免許を取得し、天王寺の簿記専門学校に通い、商業簿記3級と工業簿記2級も取得した。父の現状の仕事に将来性や新規性は感じられなかったので、新たに起業したい、と父と相談しながら半年は過ぎた。

1968（昭和43）年にはステンレスの流し台が公団住宅に採用され、TVコマーシャルに流れた。ステンレス鋼が普及し始めた時期であり、これからはステンレス鋼の時代が来ると思わせた。

浜松松菱デパートに行った折、家庭用品売り場にはピカピカのステンレス製のナイフ、フォーク、鍋、フライパンが「特設展」として一角を占めていたのを見て惹きつけられた。受験時代〝鉄は錆びるがステンレスってなぜ錆びないんだろう？〟と強く興味を抱いた記憶が蘇り、これから伸びると思った。

出入り業者チトセ商店のオヤジさんから、

「出物の整流器があるんやけど、要らへんか？」

という話があった。整流器はメッキ設備に使われていたもので、電源200Vの交流を直流にかえる装置だ。〝これは何かに使える！〟と直感したので購入した。

当時、新築住宅の窓もアルミサッシが採用され、工場で生産し、現場では取り付けるだけに変わりつつあり、その錠前には止め金具と引き手にステンレス鋼が採用され、表面処理に電解研磨が必要だった。

〝ステンレス鋼の電解研磨でもやってみるか〟、最初は軽い気持ちで取り組んだ。

夕陽ケ丘の図書館に通い、早速設備化を考えた。ステンレスの電解研磨は、陽極に製品を付け、ガスが発生する陰極とから成る。通電すると陽極側の表層面がイオン単位で溶解し始め、数十ミクロン溶解したところで引き上げると、光沢のある、見た目鏡面状の仕上がりになる。プレス加工により発生した細かいバリの除去と光沢ある意匠性に加えて、耐食性が向上する処理が電解研磨である。

浴槽はポリエチレンの風呂桶、電流の極板は配管用の鉛管を叩いて潰し板状にし、それを吊るすブスバーは銅のパイプ、また銅のパイプを器用に曲げて整流器と繋ぎ、燐酸・硫酸を入れて、実験レベルというより実用に近い、不格好な〝装置〟を作り、ああでもないこうでもないと試行錯誤を繰り返した。

技術も手探りの状態ながら、人づて頼みにサンプルを入手し、注文を一つひとつこなすのに徹夜することもしばしばあった。そして父親のつてで、大阪ガスの風呂釜と煙突を繋ぐ「差込み口」を製造していたN製作所と取引が始まり、続いてガス湯沸かし器関係の部品メーカーY製作所からも受注をもらった。

ステンレス鋼のプレスをやっている会社がある、と聞くと飛び込んだ。飛び込んだ先で、「どこか知らないか」

と紹介先を請うた。

1967（昭和42）年春に、後に伴侶となる女性、知久美佐子が山樫産業に入社したとき、私は知らなかったが、彼女は私を会社の幹部と知っていて、〝若くて格好いい人〟と思ったらしい。そのときから私を意識していたようだ。その後社内や売場で何度か顔を合わす内に〝私も彼女がだんだん気になる存在〟に変わっていった。

私が魅了されていたハリウッド映画「避暑地の出来事」の主演女優サンドラ・ディィ。明るくお茶目で、チャーミングで笑顔がとても素敵な女優だった。ふっくらした可愛い丸顔、爽やかな表情、パッチリとした二重の眼、溌剌とした女優サンドラ・ディィに、美佐子は似ていた。

1968（昭和43）年1月元旦、東京在住最期の日、別れの挨拶に知久美佐子が来た。コタツの中で布団に隠れた彼女の手を握った。それから1年が経過した。

母は、私が八尾に来たのを、ことのほか喜んでくれた。その効果もあって、リハビリを頑張り、杖を突きながらも一人で歩けるようになり、順調に回復していった。

それを見て、1969（昭和44）年3月20日、仕事は順調というにはほど遠かったが、家族とわずかな友人だけを招き、知久美佐子と簡素な結婚式を大阪梅田駅近い郵便局会館で挙げた。

美佐子は、私の母親が病身なのを承知で結婚した。父は父なりのお祝いを用意していた。父は琵琶湖の海水浴場舞子浜から北の山側の斜面を切り開いた別荘向け分譲地、100坪の山地を5年の月賦払いで購入し、プレゼントしてくれた。眼前には、琵琶湖の水平線と舞子浜湖畔が一望できる景色のいい場所だった。

分譲地購入の副賞は「ペアで台湾旅行招待」が付いていて、副賞が気に入ったようだ。両親は二人とも台湾生まれなので私と美佐子に台湾を見せたかったのだろう。新婚旅行を兼ねた初めての海外旅行を体験した。

1970（昭和45）年は、大阪千里中央広場で万国博覧会が3月から9月まで開催された。東京から同行した比企が「どうしても見たい」というので、アメリカ館に展示された話題の「月の石」を見学したが、すごい人出で2時間待ち、あんなに並んだのは初めてだった。

その年の11月20日、父が趣味の日本舞踊の稽古に車で出かけた、その帰路の出来事だった。会社入口あたりで「ドスン！」という鈍い音が聞こえた。

玄関の戸が開いたと同時に私も居間の戸を開けた。玄関に一歩入り靴を脱ぐか脱がないかの姿があり、眼と眼が合った。

「英機!」

私の名を弱く呼んだ。同時に父の身体はぐにゃぐにゃと崩れ、その場に倒れた。

「キャー!」

母親も美佐子も叫んだ。

「大変! 脳卒中よ!」

母が大きな声で叫んだ。

事務所の板の間に寝かし、救急車を呼んだ。大きないびきを掻き始めた。八尾近鉄駅南口前の今川病院に担ぎ込んだ。医師と看護婦はせわしく動いて手当をしてくれたが意識の回復もなく、息を引き取った……。

「ご臨終です」

「英機!」と呼んだ僅か3時間後の、まさかという一瞬のできごとだった。

父はあっけなく他界した……。

福知山藩の士族の血をひく祖父・居相保太郎が、警察官として赴任した台湾で父は生まれ、内地四国の徳島大学薬学部に入学し、薬剤師の国家資格を取得後、東京都品川の三共製薬に就職した。戦時中、薬剤師の資格者は徴兵が免除され、三共製薬の海外進出に携わっていた。

ところが1945（昭和20）年4月、東京新宿富久町の自宅が米軍の無差別攻撃の空襲で全焼してしまった。家族は父親と別れて一時福知山に疎開した。

戦後、経緯は定かでないが、三共製薬を辞め薬品街で知られる大阪道修町で薬品関係を扱うブローカーの仕事をしていた。戦後のドサクサの闇市の中で、言葉では言い表せない苦労もしたようだ。

当時は、大きなリュックサックを背負って、みんながあちこちに買い出しに走りまわっていた。日本中が生きていく上で食料を入手することが最優先の時代だった。

そんな中父は、当時重宝された甘味料の代替えとして「ズルチン」や「サッカリン」を製造する「山善薬品株式会社」の管理薬剤師をしていたようだ。

家族は、疎開先福知山猪崎の窮屈な一間から小谷が丘に転居して、私が小学校のころ父は月に2～3度帰福していたが、その内月1回になり、数カ月に1度に減り、だんだん帰ってこなくなった。私は高校時代父の顔を見た記憶はない。でも毎月の仕送りはきちっと届いていた。帰福しなくなった理由は幾つかあったようだ。

一つには、ヒロポンの製造に関わっていたのか……。当時の出版資料から引用すると、「戦時中は、兵士や工員の士気高揚を目的として製薬会社では覚せい剤が大量に製造されていた。敗戦直後、軍や軍需産業という納入先を失った製薬会社は覚せい剤をこぞって民間に売り出した。これが戦後におけるヒロポン流行の契機になり、酒さえ満足に手に入らない混乱した社会で薬局や闇市で誰でも手軽に入手できた覚せい剤ヒロポンは、夜間労働者、復員軍人、学生、芸能人、文筆家等に大流行した。終戦直後から昭和31年にかけて、流行したヒロポン等の覚せい剤の乱用により、中毒患者が目立ち始め、精神作用による弊害が表面化してきた」とある。

それ以降、警察の取締りが始まる。いつの頃だったか、福知山の警察署から母が呼び出されたことがあった。何も知らなかった母はとても心配し、不安がっていたのを思い出す。警察に追われていたのか、帰福しなくなった理由の一つだったのか……。父がどこまで関わっていたのかは最期まで不明のままだ……。

もう一つは、1956(昭和31)年頃、長兄武が高校入学後、学校に行かず、中学時代の不良と付き合い、その内登校しなくなった。

「父親がちゃんと家にいないから、武はこうなった」

と母は主張し、それがきっかけで、家族一緒に都会に住みたいという母の願望は、福知山に疎開して以来、ずっと別れ別れの生活に対する鬱積した大きな不満が爆発し、夫婦喧嘩はますますエスカレートした。

だが、父はそれをないがしろにしたまま別居生活を変えなかった。そして、次兄光政も高校卒業後東京に出た。

私が高校卒業後上京すると、母は妹玲子と二人きりになった。そして6年後に妹が東京昭和女子短大に入学すると、母は福知山に一人残されてしまった。そんな頃、父の会社が倒産して間もない時期と重なるが、自分勝手だった父が福知山に帰ってきたようだ。

独りきりになって寂しかったのだろう。母は、帰ってきた父を受け入れた。

米軍の空襲で東京新宿富久町の自宅が焼失し、福知山に疎開してから母は20数年父と別居生活だった。それでも離婚しなかったのは、子供達がいたのと毎月の生活費をきちっと送り続けてくれていたからこそ、元の鞘におさまったのだろう……と思う。

私は母の相談相手によくなっていたが、父の仕事や日常生活は知らないままに成長したので、父子の対話はほとんどなかったに等しい。

私は不憫な母に同情的だった。だからどこか父を受け入れない自分、認めない自分がいるのに気づいていたが、母が父を受け入れたのだから私がそれに反対する理由はなかった。でも、私と父との間には、いつも目に見えない壁のようなものを感じていた。生前の父とは酒を酌み交わし語り合うことはほとんど無かった。

病院のベッドに横たわり呼吸が止まった父の死が現実だと分かった瞬間、心の底から込みあがる悲しみに、全身が震え、父の身体にしがみついて号泣した。確執やわだかまりは消え、滂沱の涙と慟哭は1時間以上も続いた……。

父子の絆とは死んで初めて解るものなのか……。

1970（昭和45）年11月20日満61歳だった。

父は若い頃は音楽をはじめ趣味も多かったようだ。美佐子と結婚した年のクリスマスの夜、両親をアパートに招いて食事をし、クリスマスにちなんだ聖歌を一緒に歌った。両親とも歌が上手かった、二人のハモった歌を聴いたときは、美佐子と思わず拍手をしたほどだ。母は学生時代に、当時流行したマンドリン演奏部に所属したこともあり、父親は学生時代に、吹奏楽演奏の指揮棒を振っている写真が残っている。カメラは若い時期に購入し、写真の撮影・現像に早くから趣味として取り組んでいたようで、われわれ兄弟の赤ちゃんの頃の写真が多く残っているのはその証ともいえる。

中年になって螺鈿細工に興味を持ったようだ。螺鈿細工の技法は大和絵の螺鈿細工師「小野竹雲斎」に習ったという。写真の上に螺鈿細工を施す手法は、自分だけと自慢していた。撮影・現像するだけに終わらず、モノクロ写真に色を塗り、写真の一部に螺鈿細工を施し、透明アクリル仕上げをしていた。雅号も師匠「小野竹雲斎」の1字「雲」を授かり、「雅雲斎」と押印してある。随分と立派な代物でとても器用だった。作品としては「聖徳太子像」「吉祥天女像」「大阪城と石垣」「祇園祭」「高野山納骨堂と桜」「造幣局の桜」「花火」など、永年にわたって製作されたものであろうことが判る。

壮年になって始めた趣味は「日本舞踊」。藤間流の「藤間勘雪師匠」指導のもと舞踊歴も10数年に亘り、毎週の稽古に熱心に通っていた。

父親と一緒に過ごした期間は2年余りだった。

父が亡くなる4カ月前、1970（昭和45）年8月、内容証明付の1通の封書が届いた。開けると借地契約期間20年が満了したので「建物収去・土地明渡し請求」の裁判訴訟文書だった。毎月の地代を国鉄（JR）八尾駅前に住む地主稲田猛次さん宅へ届けていたので、その月もいつものとおり届けたところ、

「通知がいったでしょ。今月から地代は受け取れません」

〝え……！　今後どうなるんだろう……〟とその場で一瞬頭が真っ白になった。〝会社を明け渡さないといけないんだ〟と受け取り、父に伝えたが、

「なんとかする」

といって、弁護士北尻法律事務所に相談した。

「今後地代は毎月供託すること。供託している間は明け渡す必要はありません」

それ以降、東大阪市近鉄線永和駅前の大阪簡易裁判所に、私は毎月毎月6年間地代を供託するために通い続けることになった。

父が急逝して2週間も経たない頃、地主の稲田さんが突然会社に訪ねてき来た。

「あなたのお父さんに貸してあげていたので、亡くなられたのですから、ここからすぐ出て行ってください」

「また貸し（転貸）してますね。契約違反ですから、明け渡してもらう理由になります。すぐ出て行ってください」

「どこもさわってませんね。建物に釘一本打つのも契約違反になりますからね」

と念を押し、いいたいことだけいうと、地主の稲田さんは帰っていった。身体から血がひいて凍りついた記憶が鮮明に浮かんでくる。当時賃貸の法律知識が全くなかったので、

「どうしよう！　どうしよう！」

胸がドキドキ騒いだ。

急いで南森町の北尻弁護士事務所に出向くと、

「今後担当は弁護士の松本晶行先生が当ります」

北尻弁護士は、松本先生を紹介した。ところが松本先生は聾唖の障害者だった。聾唖の障害を持つ人が弁護士試験に合格した人としてマスコミにも取り上げられた先生だったが、意思の疎通に困り果てた。

「私は読唇術を心得てますから」

といわれても、こちらが喋った内容が伝わったのか、意味が通じたのか判断できず、逸る気持ちを押さえ、結局筆談でしか話が通じなかった。

出て行け！、と地主から言われているこちらの精神的窮状を訴え続けた。

「毎月の家賃は裁判所に供託しなさい。毎月ですよ。1度でも忘れると相手が有利になりますからね」

「民事訴訟は時間がかかります」

「建物に手を加えないでください」

「転貸してる人には出来るだけ早く出て行ってもらうよう」

など、筆談による打合せは詳細な部分はなかなか要領を得ず、今後の進展の予想もたたず、胸中の不安が解消するような内容ではなかった。

社長就任は29歳。目の前の仕事と父の後始末に追いまわされた。

水銀の回収作業は続けられなかったし、先方も無理と判断し、中止した。気化防錆剤の製造もお断りした。僅か残っていた塗装の下地処理「リン酸塩皮膜処理」の受注もこの際お断りした。

私が起業した「ステンレス鋼の電解研磨表面処理業」に絞った。

１９６９（昭和44）年の秋、山樫産業時代の部下早川六郎は、私の誘いで夫婦して東京から八尾の地に転居してきた。子供がなかったこともあり、奥さんも一緒に働き、早川夫婦は我社の大きな戦力になった。その後早川六郎、通称「六さん」は片腕となって働き、従業員も増えるに連れ、工場長として現場を仕切る存在に育っていった。

父が数年前、倒産後に何がしかの収入を得るため、工場内の一角を転貸ししていた平藤母子一家に出てもらうよう交渉する。

「地主から土地明け渡し請求の訴訟を起されてるので、出てもらえますか」

「利の薄い内職仕事なので……」

と居座り続け、値上げもできず、困り果てた。その内八尾民商の事務局長を中に入れ、仲介する形で1975（昭和50）年5月に公正証書を作成し、受け取った賃料分より高い立退料を払って出て行ってもらった。6年の歳月が流れた。

帳面をつける仕事を依頼していた滝川さんが、

「私も高齢なので元社長の死を機会に辞めたい」

と申し出があった。一瞬困ったが、この日はいずれ来る、と覚悟していたので引き止めるのをあきらめた。

彼の仕事が全部私に回ってきた。日常業務の〝帳面つけ〟の仕事、伝票発行から集金、給与含めた支払、銀行取引、毎月の損益計算書（試算表）、社会保険（健康保険、厚生年金、失業保険）手続き等、経理・税理・労務・総務の仕事を身に着けるため全て自分で取り組むことにした。

ところが計算法はソロバンしかなかったので、これには参った。小学校の頃にソロバンを習っただけで、足し算・引き算の計算に随分と時間をとられた。〝パチパチ、パチパチ〟どころか〝パッチ、パッチ〟とゆっくり弾いても、ソロバン玉の入れ間違えはしょっちゅう起こして、何度も同じところの計算をやり直さなければならず、本当に閉口した。その内東芝から〝機械式電算機〟が発売され、置き電話機の大きさのしろもので〝20万円〟したが、無駄な時間に変えられないので購入し、計算はこれで正確にして早くなった。

1970（昭和45）年度の決算は100万円の黒字になったが、累積の繰越赤字を無くすには、まだ相当の金額を残していたのでそれ以降〝毎月売上を5万円増やそう〟と目標を掲げた。翌月は10万円に、翌々月は15万円と積みあがり、1年間では400万円近い売上が増える計算だ。

2年目以降も〝毎月5万円売上を増やそう〟と継続し、新規取引先を積極的に開拓していった。

一部上場企業の近畿車輌株式会社に建材部があり、団地向け鉄製玄関ドアを量産していた。団地の風呂場向けサッシはステンレス製だった。その電解研磨の受注に足繁く通い、注文が決まり、毎月の売上アップに一気に貢献したので、電話の応対、売上伝票・請求書の発行送付、記帳などのために初めて事務員を雇った。

昼間は現場、夜は記帳という仕事を続けていた1970年（昭和45年）は、公害対策基本法の改正をはじめ、大気汚染防止法、水質汚濁防止法等が制定され、1971（昭和46）年

6月、公害防止に関する専門知識を有する人の設置を、各企業に義務付け、公害防止管理者制度が発足した。「垂れ流していた廃水を規準値内に処理して排水するべし」という大変な負担がかぶさった。コストはアップするが単価に上乗せできない、という状況だった。

当時「3K」という言葉が流行り、暗い、汚い、危険をもじって「3K職場」といわれた代表業種が「メッキ屋」であり「表面処理屋」だった。

足元から崩れる、〝土地明渡し要求裁判の被告者〟でもあり、〝廃水処理〟、〝3K〟、〝裁判〟の三重苦を背負っていた。

前途を考えると「これで経営は成り立つのか」、「生きていくために必死で三重苦に耐えてでもこの途を歩むのか」、「廃業か転業する選択肢もあるのでは……」と、何度も迷いに襲われたが、多難はどこへ逃げても付いてまわるもの。

「ステンレスの電解研磨の途を極めよう」と覚悟したそんな折、1972（昭和47）年7月4日、長女美和子が誕生。初めて授かった我が子。私は、意を新たにしたのだった。

〝毎月売上を5万円増やそう〟という目標を立て、1973（昭和48）年は省力化を狙ってドーナツ型自動電解研磨装置の導入と廃水設備の設置計画を検討した。

「表面処理の設備屋さんどこかないか」

千歳商店のオヤジに尋ねると、

「メッキ設備に詳しいY製作所がいいでしょう」

そこでY製作所に、

「Y製作所が納めた先の会社の設備を見学させて欲しい」

とお願いしたら、某メッキ屋とアルマイト処理屋に案内してくれた。他社の表面処理屋を見学したのは初めてだったので、とても勉強になり、眼から鱗がとれた思いがした。

国会で公害対策基本法が成立して、すでに3年が経過していた。公害防止管理者制度が発足し、その第1回公害防止管理者国家試験が1973（昭和48）年10月に決まった。

事前講習に参加し、10月の試験に臨み合格。時の通産産業省（現経産省）大臣中曽根康弘の名で、「第1回公害防止管理者資格」の証書を得た。合格率は50％だった。

八尾市の公害課の態度が「指導相談」から、廃水設備導入計画を早々に提出するよう「忠告」に変わってきた。理由は関西の水がめといわれる琵琶湖の水の汚染と、もう一つは、瀬戸内海の赤潮発生による海水の汚れが、新聞・TVで報道されるようになり、取締りを早める状況に変化していたのだ。

廃水処理プランはほぼできていたが、「単価に転嫁できないコスト」なのでいざ導入するとなると資金的に困った。廃水処理設備を設置するには、負担を少なくするため利子のつかない、「無利子の近代化設備資金」の公的融資を申請した。設備費用の半額が無利子で融資され、残りの半額は自己資金か、金利のつく資金を民間銀行から借り入れするものを選び、15年の長期返済を申請した。

1969(昭和44)年度から、〝毎月売上を5万円増やそう〟という目標は、昭和41年度717万円、昭和42年度641万円、昭和43年度1162万円だったが、昭和44年度1902万円、昭和45年度2400万円、昭和46年度2700万円、昭和47年度は4400万円、昭和48年度は7000万円と順調に売上を伸ばした。

1972(昭和47)年は佐藤栄作首相のもと沖縄がアメリカ領占領地域から本土に復帰し、沖縄県が復活した。後継者田中角栄首相は、国内では「日本列島改造論」をぶち上げ、外交ではこの年中国を訪問し、国家主席毛沢東と握手を交わし、日中国交正常化が成立した。この中国との電撃外交はアメリカの不興を買い、3年後昭和51年にロッキード疑獄事件に発展し、三木首相の折、元首相田中角栄が逮捕されるという前代未聞の事態が発生した。

時代は高度成長期にあった。団地や住宅需要が大きく伸びるにつれ、建具のプレハブ化が一気に進み、アルミサッシがアルミ独特の乳白色では異質感があった。日本の家屋は元々木材なので褐色（ブロンズ色）が求められ、アルミを陽極酸化してブロンズ色にする技術が開発され、ブロンズ着色したアルミサッシが主流となり始めた。それに取り付けるステンレス製の取付金具もブロンズ色が求められた。

当時ステンレス鋼をブロンズに発色する技術はまだなかった。ステンレスの白い生地のままではダメというお客さんには、ステンレスにブロンズ系の塗装やメッキを施していた。ところが、ステンレス鋼に塗装やメッキをしても密着が悪く、皮膜が直ぐ剥がれてしまい、とても困っていた。

〝ステンレス鋼がブロンズ色に発色できないか〟という要求は日増しに強くなり、ニーズがあるのにシーズがないという状況だった。

「近畿薬品さん、何とかならないか？」

と我社に相談に来る人が現れ、これはチャンス到来と捉え、化学的に発色する技術開発に取り組んだ。

いくつかの実験からアルカリ法を選び、テストレベルから本番レベルの装置に取り組んだ。

〝ダメで元々〟と腹を据え、費用を掛けずにと、木綿生地を藍染するどでかい鋳物釜の廃品を手に入れ、苛性ソーダ中心の浴を建て、ガスバーナーで加熱し、攪拌機を据え、ゆっくり公転自転する回転装置を注文し、一応量産できる装置は出来上がった。

「近畿薬品さん、何とかならないのか？」

と声をかけてくれた尾松製作所からの「クレセント受」金具をブロンズに発色し、届けた。

「できたか！」

といって尾松社長は喜んでくれたが、翌日朝呼び出しがあった。

「色がブロンズ色から青紫色に変色しているけどなんで？」

自分でもわからなかった。

「どうしよう！」

持ち帰り、何度も触っていると手汗で色が変わった。そこで水に浸けると「ブロンズ色に見える」ではないか「これだ！」と閃いた。水の代わりにクリヤーを塗布すると乾燥後もブロンズ色を維持できた。

採算抜きで手間のかかる方法でくぐり抜け、手間隙掛けずに塗布する方法を見つければよいというところまできた。試行錯誤の繰り返しをしていたが、次の注文が入り、明日には出荷しなければならない状況の中、工場の中をウロウロ歩き廻っていると、水洗後乾燥する遠心機が目に入った。〝この原理を使えばいける筈〟と気づき、遠心機の側壁に置き軽く遠心機を回すと、濡れたクリヤーの垂れた余分な部分が吹き飛ばされ、均一に綺麗な仕上りにった。

「やった！」

夜中に一人悦にいって胸が高鳴った。

アルミサッシがブロンズ色に替わっていった市場ニーズにマッチして、ステンレス鋼のブロンズ発色は我社の技術開発が早かったので、その要望に応えた格好で受注の話がどんどん舞い込んできた。当時関西では建築金物を加工する業者が集中していて、全国出荷高の60％を占めていた。

そんなとき九州出身の千歳商店の紹介で下内勝昭君が入社。半年ほど経った頃、私は見計らって彼に声を掛けた。

「下内さん、ステンレスの発色は、これからどんどん伸びる技術だから覚えてくれないか？」

「ステンレスの発色技術は何一つ分かりませんが、社長がそういうのなら、是非やらせてください」

期待に応える返事がかえってきた。

市場ニーズと発色技術が生まれ、信頼できる責任者が揃うと、仕事は前に進む。受注が増えるに従い、従業員も増やし、装置も改善し、浴組成も「アルカリ性溶液」から「酸性溶液」に切り替えた。〝前処理―発色―クリヤー処理〟の内、発色工程は半自動装置に、クリヤー工程は全自動装置を導入した。

ステンレスのブロンズ発色法を「キンカラー」と名づけ、商標も登録した。

「キンカラー」の加工売上は、1974、1975年度は6千3百万円、1976年度は7千百万円、1977年度は8千百万円、1978年度は1億円と順調に売り上げを伸ばす原動力に成長した。

電解研磨の現場作業をしていた或る日のこと、作業の終わりに電解槽の底に溜まったスラッジを掬い上げていた。そのとき、電解研磨中、製品が外れて底に落ちるものがあり、その中に褐色に近いブロンズ色をしたものが一つ見つかった。〝偶然といっていいだろう〟。その後は見つからず、そのときだけだったので、「偶然」といっても不思議ではなかった。

クレセント金具の一つだが表も裏も均一な褐色になり、なお金属感を残し、その皮膜は見るからに丈夫そうで、少々叩いても傷が入らなかった。頭の中でイメージしてたものが突然目の前に「実物」として現れた。私は〝感動〟し、〝天の啓示〟と受け止めた。

どうしてこのようなものができたのかその後、私の頭の中に居座ることになった。それが「電解研磨」と「発色」を結びつける「電解発色」の原点になった。

地主稲田猛次氏から1970年に訴訟された「建物収去・土地明渡請求」の訴訟は6年間の争いが終わり、1975年4月28日に結審した。裁判長による「和解案」が提示され、内容は「双方の言い分の折衷案」だった。

弁護士から事前に「和解案には従うように」と指示があり、大阪地方裁判所の法廷室で裁判長が原告稲田猛次と被告居相英機を前に双方の弁護士立会いのもとに「和解案」が提示された。

「和解」とは裁判長決済なので事前に双方の弁護士を呼び、落とし処をほぼ決め、了解していた。だから地主の稲田氏も「和解案」に従い、「地代の大幅な値上げと土地賃貸契約の更新」ということで6年に及ぶ裁判は「結審」した。

「民事裁判」とは〝両者引き分けの妥当な落としどころに決着することか〟と民主主義の片鱗が分かったような気がした。北尻弁護士事務所に初めて相談した時、

「民事訴訟は時間がかかりますよ」

といわれたのを思い出した。心配し続けたのも妥協への産物かと理解すれば腑に落ちた。決着後の借地料は、裁判を始めたとき月額2万6千424円が4倍強の11万2千円に跳ね上がっていた。賃貸契約更新後も建物の増改築は認められなかった。地主は建物が朽ちてゆくのを待つ作戦なのか……、購入するのは高嶺の花でおわるのか……。

時を同じくして1975年4月25日長男「浩介」が誕生した。長女美和子と同じ聖バルナバ病院にお世話になり、帝王切開によるお産だった。帝王切開は母体が持たないので二度まで聞いていたので、女の子と男の子一人ずつ授かったことに、妻美佐子とひたすら感謝の気持ちで一杯!。

「絶対元気な子に育てようナ!」

指切りし、新たな決意が芽生えた。


1976年の春頃、仕入業者のチトセ商店の千歳社長から、

「今なぁ、入歯の床は樹脂製から金属製に変わってきてるねん。高級品やとCo―Cr（コバルトークロム）合金が使われとるんや。軽くて薄くて丈夫やさかい、もし社会保険の対象

になったら世の中に一気に拡がるでェ。最終仕上げは衛生面から電解研磨がどうしても必要やねん」

と、言葉を掛けられた。歯科関連総合商社Ｏ社から、

「Ｃｏ―Ｃｒ金属床の電解研磨液をどこかできるとこないやろか？」

と相談を受けたらしい。Ｏ社は、

「あっちこっち探したんやけどどこもでけるとこあらへんねん」

とのことだった。

「Ｃｏ―Ｃｒ合金鋼」はステンレス鋼とは異種金属になるが、〝電解研磨原理は同じなので浴組成を変えればできるのでは〟と一瞬思った。〝今のステンレス電解研磨の延長線上にあるのでは〟と考え、「電解液の開発に挑戦してみよう」と始まった。正確には「補綴金属床」といい、もし社会保険の対象になれば膨大な量が期待できた。

日常業務の後夜間も、土日、祭日返上して研究室にこもり実験に明け暮れる毎日だった。季節は真冬、深夜12時を少し回った頃、外は冷え込んでいた。私はストーブを横において実験していた。いつもは早く寝る母親が眠を覚ましたのか、実験室に電気が点いているのを見てひょっこり私の前に現れた。

「英機ちゃん、毎晩よく頑張ってるわねー。偉いねー」

と声をかけてくれた。何げない一言だったが私には永年の重石が取れた「一言」だった。母親の大阪薬業女子専門学校（現大阪大学薬学部）に比べると、私は大学受験で散々心配をかけ、志望する大学にも進めず終わったので、心の隅に劣等感が残っていた。そのモヤモヤが母親の「一言」で胡散霧消した。

今まで人にいえなかったし、誰にもいわなかった胸の片隅に残っていた閊（つか）えがパッと消え、解き離たれたのだった。

でも実験は失敗の連続で、〝もう止めた〟と諦め何カ月も放って置くことを何度か繰り返したが、相談を掛けていた人の中で大手化学メーカーに勤務していたM氏が、

「自分は実験したことないけど、ドイツの文献にこんなのがあるよ」

といってくれ、〝有機酸の浴組成〟を知った。これが最後の壁を破るヒントになった。

硫酸・リン酸という無機酸の代わりに有機酸ＭＳＡとＰＴＳＡをエチレングリコールに混ぜ完成した。O社にサンプル液を提出し、評価を待った。

O社から「採用」の決定が来た。

「やったァ！」

自分を褒める一瞬だ。足掛け3年に及ぶ開発も、ようやく峠を越え、終えた。

この経験はその後私がよく口にする〝95歩も半歩の内だぞ！〟。「95歩は半歩の内と考えよ、残す5歩はそれまでかけた分の努力が要る」という教訓になった。

〝95歩も半歩の内〟その後何度口にしたことだろう……。

「特許性はある」と考えられたが、特許を出願するのは初めてなので手続きが分からなかった。電話帳で調べ誰の紹介もなく、山本弁理士事務所に飛び込んだ。

１９８０年4月に山本事務所から「特許出願」手続きをしたあと、数年して官報に「特許公開公報」として一般公開され、誰からも反論がなければ最終審査にまわり、その結果、官報に「特許公報」として掲載されると、正式に特許となる。

特許証　特許第１１６３３３３号、１９８３年8月10日付「この発明は、特許するものと確定し、特許原簿に登録されたことを証する」。証書を受領した。初めての特許取得できたのはよかったけれど、社会保険の対象にならず、大量の電解液の注文にならず、月２００リットルの注文だけがその後20年以上続く。〝線香花火〟に終わった。

英機、目から鱗が落ちる
ステンレス電解発色法の発見だ！

「医療界の革命児〝徳洲会理事長徳田虎雄〟の講演と『成功哲学』の勉強会があるので参加しませんか」

と、日本JCで知り合った友人から誘われ、1980年11月末、名古屋に出かけた。その冒頭、

「どのような困難に直面しようとも、敢然として立ち向かってゆく徳洲会理事長徳田虎雄先生は、医療界において人間の持つ大きな理想を一つひとつ現実のものとして生み出しておられる方であり、今から紹介するナポレオン・ヒルの著書『成功哲学』に登場する人物を地で生き、我々の目の前で体現されている方です」

と敬意をこめて語り、

「〝あなたに富と成功と幸福をもたらす〟書『成功哲学』を共に学びましょう。我々も自己実現できるリーダーになろう」

と呼びかけた。

「成功哲学」の著者ナポレオン・ヒルは、USスチールを一代で築いたアメリカの鉄鋼王アンドリュー・カーネギーに呼ばれ、

「過去から現在まで偉大な事業を成し遂げ、業績を残した人たちには共通点がある。それは〝あらゆる目標や願望〟を成功に導く〝思考と行動〟であり、その哲学は、大河の流れが永遠に変わることがないのと同じように、絶対の普遍性をもってすべての人々に役立つものである」

と述べ、続いてカーネギーは、

「自らの成功体験を踏まえ成功するための道筋を伝えるが、加えて過去含めて成功者共通の哲学を研究し、本にして出版する覚悟があるかどうか」

を問われた。ヒルは、

「必ずやり遂げます！」

と答え、それから20年以上研究を続け、出版されたのが「成功哲学」だ。

「人間は、考えた通りの人間になる」という成功の哲学は教育のあるなしに関係なく、この哲学を真に求める人にだけ与えられる。〝真に求める人〟とは、本当にヤル気があって〝心の準備〟が出来上がっていることを必要条件としている。成功者となり、あるいは富豪になっ

たすべての人々についていえることは、「彼らは〝はじめから〟成功者となることを、あるいは富豪になることを心の底から真剣に願っていた」という事実です。

〝願望を現実のものとして受け入れる心の準備をする〟ことは、〝単に望みを持つ〟こととは根本的な違いがある。願望が必ず〝実現することを心から信じないかぎり〟、それを〝受け入れる心の準備をすること〟はできない。つまり、希望や期待ではなく、〝信念〟にまで昇華することが大切なのだ。

心のはたらきの根本は信念です。信念が思考と結びつくとき潜在意識が刺激され、そこからヤル気と無限の知性が湧いてくるのだ。信念と愛とセックスは、人間のあらゆる感情の中でも、最も強力な衝動をともなうものである。この三つが同時に働いて、鮮明な思考と結びつくとき、潜在意識は衝動を受けて信じられないほどのパワーを発揮するのだ。

信念で支えられている願望の力、燃えるばかりの願望、大自然の中には強烈な願望だけが持つ「不可能」を受け付けない「不思議な力」が潜んでいるのだ。

徳洲会理事長徳田虎雄の姿は、成功哲学をまさに地で生きておられるそのものではないか。ゼロから出発して無から有を生む、「生命だけは平等だ」と叫び、まさに日本の医療革命に挑戦し、医師会と戦い続けている徳田虎雄理事長の姿に、衝撃を受け、真底心を打たれた。

私の目から鱗が落ち、今まで頭の中でもやもやしていた重い蓋がめくられ、身を隠し覆っていた鎧兜がぼろぼろと崩れ落ち、新たな、まったく異なるものさしが現れ、住む世界がちがうというか、次元がちがう見方考え方と価値観に重大な変化をもたらした。徳田虎雄に心酔し、私を生まれ変わらせた。

私だけ聴いてしまっておくにはもったいない。八尾JCの例会のゲストに、徳田虎雄先生を呼ぼうと思った。メンバーだけでは到底足りないので、できるだけ多くの人に聞いてほしい。市民参加の特別例会と名打ってポスターを用意し、市内に貼りめぐらした。

当日商工会議所の会場は満席になり、立つ人だけでなく廊下にも溢れる人がでたほど盛況だった。

徳田虎雄理事長は、〝日本の医療を変える〟という医療革命を広めるため全国を講演して回り、全国に病院づくりを展開していった一方で、全国にリーダーシップを持つ者の組織「獅子の会」の実現に行脚していた。

日本がこんなに経済成長してきたのは、月月火水木金金と戦前、戦後に頑張ってきた人たちのおかげだから、今後、20年、30年後の日本をどう背負っていくか、真剣に考えなくてはいけない。そのためにリーダーを養成しなくてはいけない。

「たいていの人は、自分の実力を常識的に考えて過小評価してしまう。目標は、自分の実力の10倍から100倍に設定することが大切なんだ」

と、説いた。

「目標が2倍3倍だったら、ちょっと頑張れば俺でもできると考える。手が届くような目標では人は簡単に賛同したり、協調はしてくれない。むしろ反感を買ったり、ジェラシーを感じて、足をひっぱったり、引きずり降ろそうとする。目標を100倍に設定すれば大概の人は俺には無理だと考える。できもしない大ぼらに聞こえる。その大ぼらをこの人ならもしかしたらやり遂げるのではないかと感じるものがあると人は同調し、協力しようと考えるものだ。アメリカの鉄鋼王アンドリュー・カーネギーの墓標には〝己より優れたる者と働ける技を持つ者ここに眠る〟と書いてあるではないか。人の助けなくして大きな仕事は成しえない。だから100倍の目標設定が大事なんだ」

と。

私は「八尾獅子の会」を旗揚げした。40人近く集まった。別名「居相学校」とも言われた。

〈八尾獅子の会趣意書〉

「激動と混迷の80年代。価値観の混乱と変化の時である。高度経済成長の成果と共に、そのひずみも政治・経済・文化の各分野で噴出している。

今こそ、失われつつある日本の心、ふるさとの心をよみがえらせ、真の人間性をとりもどし、真実にもとづく行動をなすべき時である。

21世紀に向かっての主役は誰か。明日の時代を築くのは誰か。もはや、若い世代の我々以外にない。我々は、この時代の要求を認識し、情熱をもって応えるため、新時代を切り拓く精神力と行動力を体得し、各分野を担うスーパースターをめざそうではないか。

国家と歴史に対する責任ある行動、ひいては、人類への限りない愛情に基づく行動をする同志を結集し、研鑽する場としてここに〝八尾獅子の会〟を結成するものである」

八尾獅子の会創立総会は、八尾が門前町で栄えた頃の中心であった顕証寺御坊の本堂をお借りして準備した。40人ほどの仲間だったが、徳田虎雄理事長を招いた。私の強い要請に応えて理事長は来てくれた。大半の仲間は徳田理事長が本当に来るとは信用していなかったので、理事長から直に指導を受けた塾生は、みんな感激し、創立総会はがぜん盛り上がった。

みんな、自分自身の実力の10倍以上の目標を掲げ、達成のための行動計画を書き出し、喧々諤々の意見が飛び交い、切磋琢磨しあった。獅子の会のメンバーは一日14時間働くことを基準にした。

八尾獅子の会創立総会は徳田虎雄理事長を招き、2回目の例会には「成功哲学」(ナポレオン・ヒル著)を紹介された松原忠康氏を講師に迎えた。

(株)松原鋳造所の社長で1936年生まれ。私より5歳上、岐阜県各務原JCの初代理事長、日本JC教育委員会の委員長を歴任。

松原社長は、自社新工場の建設にあたって、小物鋳物工場の常識を破り、白い作業着を採用し、操業時間時短にトライされ、その上生産量は業界平均の2・5倍をあげるなど画期的な成果をあげて、経営改善賞や環境モデル工場の表彰を受けておられた。1975年より「成功する心の習慣づくり」勉強会を全国に展開中であった。

松原社長から、

「会社経営には信頼できて、なんでも相談できる良き経営コンサルタントを見つけることだ」

とアドバイスを受けた。

当時全国レベルの経営コンサルタントとして、タナベ経営の田辺昇一先生がいた。松原社長は、若手経営者を集めた「タナベイーグルクラブ」の優良会員であり、近く関西地区イーグルクラブの発表会が京都国際会議場であることを聞き、オブザーバーとして発表会に参加した。会場は満席でムンムンする熱気が伝わってきた。一人前の経営者になったのではないかと錯覚するほど興奮し渦中に飲まれた。

翌日、一人になって考えると、〝どこから手をつけ、何をどうすればいいのかわからない〟ということが分かった。そこで松原社長に相談したら、タナベ経営中部地区に所属して、最近独立したベテランの「立松嗣朗先生」を紹介された。

立松先生がわが社を訪れ、紹介筋も良かったのか、その場で、

「来月から始めましょう。幹部の人を集めてください」

早川工場長、下内、武、事務担当萩野、私の5人に、途中から営業担当石井を加え、1982年2月わが社の経営方針づくりが始まった。

最初に取り組んだのが「わが社が抱える問題」という切り口で、参加者全員が誰といわずに思いつくまま、挙げていった。

立松先生は、一人ひとりの意見を模造紙にマジックインクで箇条書きに書きだし、休憩を挟んで、もうこれ以上ない処まで書き出した。そしてダブリや、表現は異なるが内容は同じものを省き、箇条書きのままグループ分けし、内容を一行か二行で表し、「現状認識」がまとまった。

〈現状分析のポイント〉
①カラーが成長の柱となり、設備の充実と合わせて安定大口得意先の受注が軌道上にある
②納期の短縮化が著しく、品質管理体制の確立が必要。設備の老朽化が進む
③営業活動が不十分。指示命令系統、連絡の不徹底。多品種少量生産。労働集約型
④中堅層が薄く、教育効果が不十分でレベルが低く、遅刻、欠勤が多い
⑤生産性が低く、使用総資本も少なく、売上額の絶対額が少ない
⑥先行技術の研究開発の加速化
⑦作業標準の不十分さと年度方針、年度計画の未確立

〈問題点の集約〉
現在成長過程にあり、企業としての基盤づくりの時期
〈成長の引き金〉
①化学研磨分野の市場開拓とキンカラーの多色開発ができたとき
②社員がパワーアップ（一致団結）とレベルアップがされたとき
③本社用地の買収

④大手ステンレスメーカーと密接な協調ができたとき
⑤電解発色技術の開発が成功したとき
⑥長期的にはステンレス表面処理技術の多角化の推進
⑦下請け体質からメーカー体質へ脱皮できたとき

〈現状総点検から見た対策〉
①年度方針・年度計画の確立と計画的な業務の実施
②生産管理の基本の徹底
③営業兼任体制で得意先と密接なコミュニケーションによる受注管理、納期管理の強化
④重要優先順位に基づく作業の標準化の推進
⑤品質基準の明確化と品質管理体制づくり
⑥人事考課制度の導入と信賞必罰の徹底

〈考え方の基準……［使命観］〉
社訓：誠実を旨として和衷協同、超一級の技術を築きあげる人となる

〈企業の原点〉
電解研磨とはステンレスの防錆価値と美的価値をつくる

キンカラーとは金属表面に美的価値をつけ、商品イメージを高める
専門知識と特殊技術の確立
〈行動の原点五つの誓い・・行動の基準・・・［行動指針］〉
①私たちは、まごころをもって良い品をより早くより安く作ることを生きがいとします
②私たちは、仕事を自ら求め、調和のとれた仕事の流れを作り上げることに努めます
③私たちは、アイデアと時間を尊重し、不断の研究と努力を忘れません
④私たちは、取引先の繁栄と基本姿勢に責任を持つ立場で行動します
⑤私たちは仕事を愛し、常に夢と若さを保ち、明るい職場作りに努めます
全社員に理解させ、行動と価値判断の物差しであることの反復徹底
数値基準……数値目標
1982年度：売上高　2億5000万円　利益　4500万円　利益率　20％
一人当たり生産性：900万円
〈進むべき方向〉
5年で5倍〝五五計画の推進〞

〈突破口作戦…スローガン〉

〝基本動作の徹底と決めたことの必ず実行〟

会社は「法人」という。「法」は法律、「人」は人間を現し、法人とは、法律のもとに認められた人間である。人間には人格があり、生きてく上でそれぞれ信条や信念を持ち、社会的責任がある。会社も同じことでこの世に存在する以上法人には使命がある。存在理由であり、考え方の中心となる「社是・社訓」は経営理念を現す。だから社是・社訓は会社にとって根幹をなすものであり、普遍的なもの仏の魂ともいえる。

徳田虎雄理事長の生き様を目の前にし、成功哲学に学んだことを会社にどう生かすのか。

私はそれを「誠実を旨として和衷協同、超一級の技術を築きあげる人となる」とし、社訓とした。

〝人間は考えた通りの人間になる

望むならば望む世界に住むことができる

でも、無理と考えるならその時点で手に入れることはできない〟

ここには真理がある。

ものごとを諦めない一級の人になり、一級品をつくることをめざす。その上、〝実力の百倍に挑戦〟する意味から「超」を掲げた。求める技術も一級、いや超一級であり、それを成すのは人だから、「超一級の技術を築きあげる人となる」とした。

「超一級の技術を築きあげる人となる」は、他社にはなく、自らの手で技術を生み出す「独立自尊」の志であり企業文化の骨格を成すものである。

「誠実を旨として」は、誠意は人の道なり。すべての仕事に対してまごころを持ってあたる。

「和衷協同」は、聖徳太子の「以和為貴」のこと。

わが社の所在地は「八尾市太子堂」、地名の発祥は聖徳太子に起因している。古代日本に仏教が伝来し、それを推進する曽我馬子一族・聖徳太子派と、物部守屋率いる反対派が天下を二分し、この地域が宗教戦争の戦場になった。反対派の総大将物部守屋が矢に倒れた跡地に会社の窓から見える「大聖勝軍寺」が建ち、聖徳太子が祀られている。聖徳太子は西暦602年初の十七条憲法を発布し、「以和為貴」（和を以って貴しと為し）と掲げ日本の礎となった。和は日本の心であり、「和衷」とはやわらぎ親しむこと、「協同」とは力・心を合わせることです。

1982年5月22日、立松先生の指導の下に全社員が参加して「第1回経営方針発表会」を開催実施した。

現状分析からわが社の成長への引き金は、〝本社用地の買収〟が優先された。実現に向けてエネルギーを注ぐときであった。

地下鉄御堂筋線中津駅を降り、地上に出ると目の前に東洋ホテルがある。ロビーの喫茶室にはすでに、地主の稲田猛次さんが小さなテーブルを前に座って居られた。稲田さんは、北浜にある大手金融信託銀行を既に定年し、住まいは八尾から宝塚市に移っていた。

「お待たせしてすみません」

待たせた非を詫び、深くお辞儀をした。

「まあ、そこにお坐りなさい」

「お越しいただいてありがとうございます」

緊張した表情で私はお礼を述べた。

「処で、今日は何の話ですか?」

深く椅子に座っていた姿勢から背筋を伸ばされた。

「ええ、電話で済む内容ではないので、お会いしてお話したかったのです」

といって相手の顔を見た。固い表情は変わらなかったが、思い切って、

「土地を譲っていただけないでしょうか?」

ストレートに本題に切り込んだ。

「突然そんなことといわれても困ります」

困惑した稲田さんの顔があった。

少し間があって、

「それは大事なことです。そう簡単に返事できる話ではないので一度考えさせてください」

言葉が返ってきた。

それ以外のことはよく憶えていないが、別れの挨拶をして、稲田さんが遠ざかってゆくのをその場で見送った。1回目の交渉は短く終わった。

別れたあと足は地に着かず、口の中は渇いたまま緊張はしばらく続いた。そのまま電車に乗る気もしないので、気を紛らわせるためホテルを出て歩き始めた。外は風もなく晴れた日だったが、車の激しい騒音も耳に届かず、大阪駅の方向に向かって歩いた。会うまで心の準備はしていたつもりだったが、いざ面と向かうと頭が真っ白になって、前後の説明もせず、いや、できずにストレートに「土地を分けてください」といった自分がちょっと情けなかった、と反省しながら胸の昂ぶりが収まるまで御堂筋をひたすら歩き続けた。気が付くと心斎橋の繁華街まで来ていた。

その後数回、東洋ホテルでお会いした。世間話が大半だが、端々にわが社の経営状態や業務内容や先の見通しを挟み、地元八尾ＪＣに所属しての活動状況などを話題にした。

何度目だったか覚えてないが、稲田さんが真剣な表情でいわれた言葉を思い出す。

「居相さん、地主にとって土地というのは先祖から受け継ぎ守ってきた宝物なんや。それを手放すというのは、可愛い娘を嫁にやるのと同じなんやで。いい加減な人に娘を嫁がせるわけにはいかないんですワ」

〝信頼できない人に譲るわけにはいかないんや〟呟いた声が聞こえた。少し間が空き、

「居相さん、今まで私の見てきたところ、あんたは真面目で誠実な人のようや。あんたやったら、すぐ転売なんかしないで、ちゃんと守ってくれる人やろ。だからあんたなら先祖からの大事な土地を譲ってもよいと思えるようになったんや」

そういって、私の顔をじっと見た。

「あんたやったら譲ってもよい」

「ありがとうございます。ぜひお願いします」

頭を下げた。涙が出るほど嬉しかった。

1983年7月16日東洋ホテルの喫茶室。待望の本社用地買収の道は開けた。決めた以上取引は早い方が良いと考え、次は金銭の工面と売買価格の交渉だったが、土地がいくらするのか詳しく知らなかった。何とかなるという程度だったので検討しなければならないことが山ほど出てきた。

JC仲間であり八尾獅子の会の中には、不動産の売買仲介業、建売業、設計建築事務所、不動産鑑定士等に携わる人たちがいた。不動産鑑定士だった松浦君が周辺の土地の最近の売買価格を調べてくれ、我が土地の相場価格は約2・1億円と数字で表れた。

こんな大金を借りて返すことができるのだろうか、という未知なる不安が喜びの後ろに潜んでいたが、いまさら後には引けない。

三和銀行八尾支店の藤田さんが相談に乗ってくれた。稲田さんと数度の交渉を重ね、借地権を50％として売買価格は1億円で折り合いがついた。所有者名義変更等の法務上の手続きと、取決め価格の支払いと、借入銀行の担保設定を含め関係者は吉川司法書士事務所に一堂が集まり同時決済を行い、1983年8月19日取引を終えた。民間銀行は長期借入でも5年返済が限度だったのでその後、長期借入に変更するとき、中小企業金融公庫東大阪支店の直融資窓口梅田氏にお世話になった。

わが社の成長の引き金のトップに揚がった本社用地の買収が終わり、次は工場の建て替えが経営課題となった。JC時代に、古くて今にも崩れ落ちそうな工場建屋を、人に見せるのもはばかり、会社に来てもらうのが正直恥ずかしかったが、土地を取得し、社有地になったことで、やっと念願の建て替えができる見通しが立った。

周辺は既に住宅化が進んでいたので新築する以上近隣周辺から見てもちょっと目立つほどの建物を望んでいたので、八尾獅子の会のメンバーであり、八尾JCで行動を共にした仲間、六本設計事務所の一級建築士六本甚雄君に工場の設計をお願いした。

建て替えを想定して、見学した工場や建屋を念頭に描きながら、特に堺海浜地区の工業団地の一角にあった四階建てメッキ工場は印象深く、それを参考に将来を考えて、狭い場所を有効利用するためにも三階建て以上と決めていた。

検討した結果、3棟に分散していた電解研磨設備を1階と2階に配置し、キンカラーブロンズラインは3階フロアに移し、4階は食堂兼会議室を設け、一部は待望の研究室に充てるという案にまとまった。

建屋も出来上がり、設備・機械等の移設を終え、1984年9月29日関係者を招き、四階にて落成記念式典を催した。

「乾杯！」

「おめでとう！」

「おめでとうございます！」

多数の参列者から祝福を受け、家内美佐子と共に、念願の目標達成の喜びにしばし浸った。

5年で5倍にする挑戦目標〝五五計画〟を達成するには、象印マホービンの成長にゆだねるだけで達成できるものではない。

ステンレスのカラー化は、小さい建築金物だけでなく建材関係からも引き合いや問い合わせが多くあり、手摺やドア枠、ビルの玄関周りなど用途は多くあった。長尺ものと位置付ける大型金物や建材への対応が求められていた。

現に背丈ほどの門柱を受注していたが、発色槽が小さくて効率が悪かった。

次なる成長をめざすには、建材用〝ステンレス長尺キンカラーブロンズ発色ライン〟の設備が必要だった。独自開発した〝化学発色法キンカラー〟に加えて、ずっと胸に秘めていた発色技術〝電解発色法〟を早期に実用化したい「構想」があった。

随分前のことだが、現場で電解研磨作業をしていた時、電解研磨槽の底のスラッジの中から濃ブロンズ色に発色されたステンレス製窓枠部品を発見した。

「これは何だ！」

「電気化学反応が起きている！」

微弱な電気の通電による電解発色によってできたもので、皮膜は強く少々叩いてもびくともしないし、擦っても剥げず、変色もしない代物なのだ。

〝ステンレス電解発色法の発見だ！〟と直感した。

机の中に仕舞い、都度、手に取って再現できないかと頭を絞っていたが、難題だった。いろいろ実験もしてみたがもう一歩のところで終わっていた。

長尺設備導入にあたっては、「電解発色法による発色技術」の研究開発と実用化は必要だった。

旧工場の設備を四階建て工場に移転すると、敷地の半分は空き地になった。

新構想は、長尺の建材製品が対象なので、ステンレス鋼の定尺板4尺×4ｍものが処理できることを前提に、発色槽は幅1ｍ、長さ4・5ｍ、深さ1・5ｍと設備化の寸法基準を決めた。

四階建て新工場に設備を移設して、まだ1カ月も経たない1984年10月19日、川崎製鉄

株式会社（現ＪＦＥ）鉄鋼技術本部電磁ステンレス技術部技術サービス室部長補　広野種生
という肩書の人が訪ねて来た。

「川崎製鉄では自社ビル二棟の新築計画が進んでいて、その外壁材に発色ステンレス鋼の採用を考えてます。ついては、御社のキンカラーブロンズ発色も対象に挙がっています。居相社長に見てもらいたいものがあるのですが、見て評価して貰えますか？」

「どんなものですか」

「サンプルがあるので次回持参します」

これが最初の出会いだった。


翌年1985年2月、川崎製鉄の広野部長補は二人の技術者を伴って来た。

一人は「川崎製鉄技術研究本部鉄鋼研究所薄板研究部ステンレス鋼研究室、博士・研究員、曽根雄二、千葉在」、もう一人は、「同主任研究員、佐藤信二、西宮在」。

後で知ったが、曽根さんは名古屋大学工学部を卒業し、東京大学大学院で博士号を取得した工学博士であり、佐藤さんは東京大学工学部冶金学科を卒業し、大学の推薦で川鉄に入社という高学歴の人だ。

「ステンレス鋼の研究開発に携わる者です」

広野部長補が二人を紹介し、曽根氏は5センチ角のステンレスのテストピース2枚を取り出し、私の前のテーブルに並べた。1枚は黒色系、もう1枚はゴールド系の色が着いていた。

「これを見て貰えますか？　電解法で発色しました」

私は黙って手に取り、ルーペ片手に隅から隅まで注意深く観察した。指で擦ったり、消しゴムで擦ったり、角度を変え光の当たり具合による色の変化など黒系、黄色系2つのサンプルをじっくり観察した。

「皮膜は軟らかくてまだ弱いようです。でも、もうひと工程を加えれば何とかなるかもしれません。実用化を考えるなら、定尺の大板でやらないと色の均一性や再現性は全くの未知数です」

と見たまま、感じたままを率直に述べた。

見守っていた二人は、私の言葉にぐっと前のめりになり、とても熱い視線を感じた。

「浴組成と電解発色した基本条件を教えてもらえますか？」

私は曽根氏に尋ねた。曽根氏は一瞬戸惑った。

「説明しなさい」

と広野氏が催促した。曽根氏は横に座っていた佐藤氏の顔を伺った。

佐藤氏は首を縦に振って頷いた。ようやく納得して短く声を発した。

「交番法です」

「え？　なんですか？」

「極性転換です」

「あぁ、反転法ですか、プラス・マイナスを反転させるのですね？」

「そうです」

「では……」

と、もう少し突っ込んだ質問をしたが、〝初歩的なビーカーレベルで作ったサンプル〟つまりビーカー実験段階のもの、それ以上でもそれ以下でもなかった。

実用化するにはほど遠く、〝全く未熟で未完成だ〟と知見した。

「特許は既に申請しています」

聞いてもいないのに曽根氏は毅然とつけ加えた。

既存のステンレス鋼発色技術インコ法とは、明らかに異なっていた。アルミニウムの表面処理では極性転換による反転法はすでに実用化された技術だったが、それをステンレス鋼の表面処理に応用したところが斬新だった。誰もやっていないアイデアだと感心した。

私は、電解研磨槽の底から掬い上げた「皮膜の硬い濃ブロンズ色の金物」を取り出し、見せた。

「偶然でしたが、わが社が発見した電解発色品です」

川鉄の研究者三人は、手に取ってテーブルの上でコツンコツンと強く叩いて、その痕跡を食い入るように観察し、一様に感嘆と驚きの表情を見せた。

「この皮膜の再現を研究中です」

そう私も毅然と答えた。

「一緒に技術開発しませんか?」

広野部長補が突如、提案してきた。表情は真剣そのものだ。

「ええ!」

一瞬、私は耳を疑った。巨大企業がなぜわが社のような町工場と〝電解発色技術を共同で開発しよう〟というのか? 川崎製鉄とわが社では、軍艦とボートほど規模は違い、技術レベルでも比較にならない筈なのに…… 〝なぜ?〟。

普通では考えられない提案だった。理解の域を越えていた……。

いっしょに技術開発を

ところが、わが社に来る前に川崎製鉄内部では、既に打ち合わせはできていた様子だった。

見てこい！　行ってこい！

千客万来、八尾詣

千客万来、八尾詣

英機、信じていいのか

川崎製鉄といえば、新日本製鐵と肩を並べる日本の製鉄高炉5社の1社であり、鉄鋼生産は日本で3番目の規模だ。戦後、神戸の川崎重工業（旧川崎造船所）から鉄鋼部門が独立し、1950年川崎製鉄が誕生した。

初代西山社長は「製鋼一貫生産めざし、千葉製鉄所建設に163億円投下する」という計画だった。〝あまりにも無謀な計画〟と批判され、一万田日銀総裁の「川崎製鉄の千葉工場にはペンペン草が生えるだろう」は語り草となったが、西山社長は〝新日鉄に追いつけ〟を合言葉に〝野武士集団〟といわれるほど暴れまくり、目覚ましい成長発展を遂げてきた製鉄会社だった。

日本の鉄鋼の年間生産高は1億トンといわれる中で、ステンレス鋼は300万トンと鉄の100分の3だったが、ステンレス鋼の生産高300万トンは世界一の生産量を誇っていた。

ステンレス鋼は、鉄とクロムとニッケルの合金であり、鉄が主で76％、それにクロムが18％、ニッケルが8％含有した特殊鋼である。鉄に12％以上のクロムを混ぜるとその表面に自然と酸化皮膜が自生し、この酸化皮膜が錆を防ぐ役割となる。ステンは「錆びる」、レスは「ない」、「錆びない鉄」つまり「ステンレス鋼」と呼ばれた。

ステンレス鋼は、戦後ナイフ、フォーク、スプーンに使われ、海外に輸出もされていたが、昭和30年代に高度成長期に入り、都市への人口流入が進み、都市近郊に団地が次々に建設された。その団地の流し台にステンレスが採用されて、その存在が一気に世の中に認知され、浴槽にも使われ、建築金物・建材へと拡大していった。

高層建築の外壁材やエントランス周りにもステンレス鋼板は使われ、需要は右肩上がりに成長していた。その流れに乗ろうと川崎製鉄は、ステンレス鋼板の販売に力を入れた。

都内の有名な建築設計事務所とゼネコンを訪ねた。ところがどこからも相手にされない現実にぶつかり、唖然としたようだ。

「日本のステンレスメーカーの品質はどこのメーカーも変わらないでしょ？」

「我々設計事務所は意匠性を求めています。川崎製鉄さんには何かありますか？」

と問われたのだ。

今の川崎製鉄には、建築建材分野で〝提案できる材料がなにもない〟という現実にはじめて気づいたそうだ。

広野部長補が昨年10月にわが社を訪れる前、川崎製鉄大阪営業所ステンレス営業部部長の実吉一夫氏は、マーケティングの専門会社F研究所を通して「建材市場における発色ステンレス鋼の今後の動向」という市場調査を依頼していた。

調査結果から、実吉部長は、日本経済は高度成長期にあり高層ビルの建築は今後とも続くと予想した。ビルの外壁材には石、ガラス、鉄板、アルミ板材が多くを占めていたが、意匠性発色ステンレス鋼が加われば、外装パネル（メタルカーテンウォール）として年に2～3％成長するだろうと需要予測した。10年後には410億円、8220トンの市場が見込まれる右肩上がりの予測をグラフに示し、昭和60年9月10日号の社内報に掲載した。川崎製鉄が後発として意匠性ステンレス鋼板に進出しても、同業ライバルと比して挽回を図るチャンスがあることを数値で現した。このグラフが経営の上層部の目にも留まり、ステンレス営業部隊の指針になった。

ステンレス意匠鋼板の表面処理技術に「発色」がある。当時代表的な発色技術は「インコ法」と呼ばれ、カナダに本社を置くインコ社が特許を持っていた。

発色とは、夏、雨が降ったあと、空に陽が射し始めると七色の虹が現れる現象と同じ光の干渉色の原理だ。七色の虹がなぜ空に現れるかといえば、雨上がりの空には水滴がいっぱい残っている。そこに陽が射すと一条の光が水滴を通してプリズム効果となり、人間の目に七色に分かれた虹と認識される、これを発色という。同じ現象例として、水と油は混じり合わないので水溜りに油を数滴落とすと、水より軽い油は水に浮いたまま限りなく横に広がり、そこに玉虫色が見える。これも光の干渉による発色現象だ。

ステンレス鋼板の表面に酸化皮膜を成長させると色が見えるのも、同じ発色の現象であり、茶、青、黄、赤、緑色の色調も、光の干渉から生まれる色なのだ。塗装や印刷やメッキは、素材（母材）の上に塗料やインキを塗って色を着けるので「着色」といい、「発色」は光の干渉によって生まれる色なので塗装などの「着色」とは異なる。

発色技術は、酸性溶液にステンレス鋼を浸漬すると、浸漬時間によって茶、青、黄、赤、緑の色調が現れる。ステンレス鋼を溶液に浸漬すると表面に酸化皮膜が形成され、1ミクロン以下という超極薄膜なのだが、その酸化皮膜の厚みによって色調は異なる。塗装でもなく、めっきでもなく、酸化皮膜による発色なので化学発色法といわれ、その制御方法が特許インコ法だ。

インコ社は、ニッケル鉱石からニッケルを製錬・製造し、各国に供給する世界的企業であり、日本のステンレスメーカーもインコ社からニッケルの供給を受けていた。インコ法はインコ社が発明したステンレス鋼を発色する技術で先進国に特許の権利を販売した。日本のステンレスメーカーは10数年前競ってその特許を購入した。

ところが川崎製鉄だけは導入を見送っていた。そのため鉄鋼他社と比べて川崎製鉄は、ステンレス鋼の発色という意匠性では大きく遅れをとっていた事実を知った。

川崎製鉄がインコ法の特許を見送った背景には、理由があった。会社の歴史は浅く、〝新日鉄に追いつけ追い越せ〟の号令のもと造船、橋梁、鋼管等構造材を優先し、量を見込めない意匠材は後回しにしていた経緯があり、ステンレス鋼に対しても同じ姿勢だった。だから当時川崎製鉄のステンレス鋼技術研究所は、意匠性に関する研究開発案件は皆無だった。

成長が期待される建築建材の設計事務所を周り、ライバルから取り残された立ち位置が分かり、あらためて意匠ステンレス鋼の拡販に製造・販売含め、全社的に見直しを始めた。そこに自社ビル二棟の新築計画があったので、その外装材にステンレス意匠鋼板を使い、「モデルハウスにしよう」と考えた。

川崎製鉄は、全社挙げてステンレス鋼の意匠性技術開発と自社ビル2棟の外装材に発色ステンレス鋼の仕様を決め、新築工事はスタートした。

川崎製鉄のステンレス技術研究所の研究者には、1年間に1~2件の特許申請が義務づけられていた。意匠性鋼板に関する研究開発テーマは皆無に近かった中で、唯一、曽根雄二研究員が、研究レベルではあるが〝電解発色法によるビーカー実験〟を行い、5センチ角のテストピースを開発した。研究段階であり、意匠性技術に疎い上司は評価ができず、実用化などまったく見当もつかない代物だった。

川崎製鉄系列会社や流通の川鉄商事、二次流通、問屋等にヒヤリングし、情報の入手に奔走した。ところがステンレス鋼の電解研磨をする表面処理会社はいくつかあったが、ステンレス鋼の発色技術を有する会社はなかった。

大手鉄鋼系列に入らない発色会社は、わが社近畿薬品工業(現アベル当時の旧社名)だけだった。そんな背景の中、研究室のビーカー実験技術が実用化する工業技術になるかどうか、海のものとも山のものともわからず、判断のしようがなかったので、ステンレス発色の専門家であるわが社にその評価を委ねる狙いがあって、意匠性表面処理技術を探す中心的立場の一人、広野部長補がわが社を訪ねてきたという経緯だった。

「5センチ角のテストピースから、実用技術になるかどうか判断せよ、というのは無茶苦茶な話です。飛躍しすぎです」

私がいうと、彼らもそれは十分判っていた。

「今、岡山県倉敷市の川崎製鉄水島製鉄所では、事務所棟を建て替える計画が進んでいます。規模は6階建て、建屋長さ100mの総合事務所本館です。もう一つは再来年千葉製鉄所の総合技術研究所内にハイテク研究所棟を新設する計画があり、その新築2棟の壁面外装材に、自社のステンレス鋼板を使うことが決定しています。

そのため新たな意匠性発色技術を探しているところです。御社の〝キンカラーブロンズ発色〟も対象にしています。

でも、できれば冒険は百も承知で、ビーカーレベルとはいえ、御社の力添えをいただき、この電解発色技術を採用したいのですが、ご協力いただけないでしょうか」

広野部長補から一気に核心に迫る話が飛び出した。同席の東大出の佐藤主任研究員は、

「私も技術屋ですから、可能性を順に追いかけ、一段一段成果を積み上げてゆくのが技術開発の常套手段だと理解しています。その点でこの話は理屈を無視したもので、無茶を承知で今日は伺いました」

と口を挟んだ。

わが社では〝長尺キンカラーブロンズ発色ライン〟の建設をすでに進めていた。そのタイミングに川崎製鉄という巨大企業が、

「ステンレス鋼の発色についてご意見を伺いたい」

と訪れ、

「電解発色技術を共同で開発しませんか」

とは……。

わが社は、経営計画を作成した折、「会社の成長の引き金として、大手ステンレスメーカーと密接な協調関係ができたとき」を挙げていた。その可能性が、目の前に現れたのだ。〝信じていいのか……〟。同席していた幹部も一様に驚いた。

オーナー企業はトップが決断すると、それは決定につながる。

この突飛な申し出、「ステンレス鋼電解発色の技術開発」は、双方の思惑が一致したというあまりのタイミングの良さに驚くと同時に、運命的な巡り合わせと感じざるを得なかった。その決断には、覚悟と責任がついてまわるが、〝これはビッグチャンスだ〟と私は受け止めた。

「やりましょう、私どもでよければ」

席を立ち、決意を示した。全員立ち上がり、互いに強い握手を交わすと、緊張に包まれていた場は破顔に染まった。

この日は一生忘れることのない日になるだろうと思った。

わが社と川崎製鉄阪神西宮工場の工場長との間で簡単な「覚書」を交わし、早々に「共同開発実験」をわが社で始めることになった。


そんな背景を知らずして共同開発を決めたのはいいが、わが社ではそれからが大変だった。共同開発が決まった以上急いで建築申請を出した。

共同研究の目的は、川崎製鉄ステンレス技術研究所内での、ビーカー実験レベルの技術をいきなり実用化技術レベルまで飛躍させることにあった。テスト材はA3サイズを私から提案し、その実験装置をわが社が準備し、川鉄側ではテスト用のステンレス板材と極性転換可能な整流器を用意し、曽根研究員が実験方案を作成することになった。1回目の共同実験は5月15日からスタートし、1週間をそれに当てた。

曽根さんは八尾市内のホテルに滞在し、千葉研究所で曽根さんの実験助手を勤めていたF氏も同行し、わが社の近くのアパートに住まわせ、その後もわが社に残って実験を続けた。

共同研究は何をするにも相手と事前に相談・打合せの上行う約束なので、自分勝手な先走りはできず、初めての試みに面食らう場面も多々あったが、1回目の実験から手応えを感じる結果が得られた。

実験で発色した発色材を川崎製鉄は千葉の研究所に持ち帰り、所内にある分析機器と研究員を総動員し、あらゆる角度から発色皮膜の物性・特性を短期間で調べ挙げた。それをわが社に開示する約束だった。ところが開示されたコピー資料は何度も何度もコピーを重ねたのか、まともに字が読めないしろものばかりだった。

「故意なのか?」と疑念を残したが、静観することにした。

6月に旧棟を解体し、地鎮祭、7月5日に上棟式を行い、突貫工事に入った。小川工務店にとって2棟目なので工事は順調に進んだ。

〝長尺キンカラーライン〟は経験を積んだ化学発色技術なので大型化することで発生する問題点は検討を済ませていた。

一方、川鉄と共同開発する電解発色法の実用化は、「電解発色槽」を長尺キンカラーライン内に新たに増設することにした。この技術の設備的成否は、陽極と陰極を極性転換させるオリジナルな整流器が必要となり、ビーカーと比べると大容量の電力を制御する仕様なので、整流器を構成する部品の選択と選別には随分と時間と労力を注いだ。それ以外にも詰めれば詰めるほどいろいろな問題が発生し、それを一つひとつ紐解いてゆかなければならなかった。

わが社がステンレス鋼の電解研磨技術の経験は豊富だったので、そのノウハウを取り要れても今の段階では未知数の事柄が多く残った。その場に出くわさないと何が問題なのかすら予想できなかった……。

1985年9月に、本社及び第二工場新築と長尺発色設備の完成を祝って、落成式を開催。川崎製鉄から千葉総合技術研究所の佐々木取締役所長、西宮工場工場長、川鉄、川商関係筋、象印マホービンからはW専務、そのほか銀行含めて多数の来賓の方が祝福に駆けつけてくださった。家内も私の横に立ち、お客様を一人ひとり迎えた。

落成式の祝福に浸っている間もなく、長尺発色ラインの設備は完成していないまま電解発色ラインの稼働を優先させた。厚み0・6ミリ×幅1100ミリ×長さ3150ミリのステンレス鋼板が持ち込まれ、9月11日より電解発色の実験はスタートした。

6500リットルの溶液を建浴するにも、丸1日かかった。リフトコンベアもトラブルが発生し、その修復に2、3日取られた。そして電解発色槽に鋼板を浸漬し、オリジナルオーダーの整流器の電源を入れ、陽極・陰極の極性転換の発色条件を制御盤に入力し、1枚目の出来上がりを待った。

日本で初めての電解発色装置の稼働であり、期待と不安の入り混じった中、実用化に向けて産声を上げるのを待った。

時間はもう真夜中を過ぎていた。川崎製鉄の曽根、広野、佐藤、それに私と青木の5人がじっと見守る中、終了のブザーを合図に液中から鋼板がゆっくりと揚がってきた。水洗して乾燥釜に入れ、10分ほどして取り出した。胸の鼓動がだんだん激しく早くなるのを感じた……。世の中の開発技術というのは最初からうまくいくことは稀で、失敗の連続が通り相場だ。予想通り七転八倒する生みの苦しみを味わう日々が続くことになった。

川崎製鉄からは、水島の総合事務所棟本館に取り付けるパネルを発色し終わるまで曽根研究員がわが社に常駐することになったので、研究室を開放し、机と電話を用意した。大板実験開始からは、西宮在中の佐藤信二主任研究員と広野部長補が連日通ってきた。

来る日も来る日も朝から夜中まで、発色実験作業を繰り返した。

ビーカー実験で特許を申請するほどの開発技術者曽根氏は、実用化のための問題解決には何の役にも立たなかった。考えてみれば、巨大企業の中で一研究員がビーカー実験で5センチ角の板に電解発色しただけのテスト成果と、永年にわたってステンレス鋼の電解研磨と発色という表面処理実務を行ってきたわが社の経験値とでは、比較にならないほどギャップがあることに気付いた。

研究員の上司ですら、部下の研究成果を評価できなかったし、研究員も実用化に向けてどうすればいいのか見当もつかなかったのだ。

それにしても、ビーカー実験レベルの技術を工業化に向けて近畿薬品工業(現アベル株式会社)に賭けるような真似をするとは、「恐れ入りました」というしかない。自社ビルとはいえ一種の博打みたいなものではないか……。当て馬にされたわが社はいい面の皮だったのか……、などとぼやいても、もう遅かった。

そんな折、

「八尾の近畿薬品工業を見てこい!」

の号令が川鉄系列会社に轟き渡ったのか、「系列会社の社長の八尾詣で」が始まった。

最初は、薄板圧延、焼鈍、品質管理等の阪神西宮工場の工場部隊、研究部門は千葉の研究所、東京本社からは、ステンレス事業部に所属する各部長クラス、並びに大阪営業所、ほかに川鉄商事茨木専務、牧村重役、ステンレス鋼部長及び川商大阪営業所。系列子会社では、上場非上場含めて川鉄鋼板、川鉄金属、川鉄建材、川鉄機材、川鉄炉材……等々。

名刺交換した人は１００人を超えていた。

「八尾の近畿薬品工業に行ったか！」

川崎製鉄の関連会社では挨拶言葉になったという。当時「八尾詣」といわれた。

体がいくつあっても足りなかったし、睡眠時間が2〜3時間しか取れないときは命を削り取られるようなしんどい思いをした。

発色実験の苦労を共にしたのは、半年前に入社した青木善一君だ。東京理科大応用化学科を卒業して千葉県にある造園業に就職したが、両親が和歌山に住んでいるので大阪に戻りたいとわが社に応募してきた。来る日も来る日も昼夜を問わず一緒になって発色実験に没頭した。

水島製鉄所総合事務所棟本館の外壁パネルは、黒色に発色した板材を凹凸模様のエンボスプレス加工を施す仕様と決まっていた。６階建て長さ１００メートル、窓枠部分を除いて取り付けたパネルは５００枚を超えていた。10月、11月に分けて納品し終えた。

翌年1986年4月14日、私と川鉄広野部長は本館工事現場事務所から呼び出された。パネル表面の保護フィルムは剥がされ、足場も取り除かれ、建物の全容が陽の下にさらされた。

〝一見見事な出来栄えに見えた……〟。

陽が射してる間はそれほど目立たないが、陽が落ち夕方になると異なる姿を露呈した。パネル内の色むら、パネル間の色むらは近くで見ても遠目にみても明らかだった。誰の眼にも色ムラなのが分かった。

発色材は光の干渉によって見える色なので、陽が射す日中と陽が落ちた夕方では見え方が異なるのだ。太陽光の陽射しを大量に浴びている日中はパネルが黒色でも、すべての光を反射するので色むらは分からないが、陽が落ちると光の反射はなくなり、逆に光を吸収するのでパネル内の色むらが浮き上がり、別物といっていいくらい、見た目の色の表情が違うのだ。酸化皮膜の干渉色にはそんな特異性がある。

夕方に着き、現場外壁に取り付けられたパネルの色ムラを見た瞬間、〝アッと！驚き、息が止まった！〟。

その場に立ち竦み、体中が震え、しばらく震えが止まらなかった。一大事に発展した。

川崎製鉄設計土木部の設計責任者K課長は、顔を真っ赤に鬼のような形相をして、

「どうしてくれるんだ、こんなもの作って！　この色むらの責任どう取るんだ！」

罵声が飛んできた。現場事務所の一部屋で四角に囲んだ机の席にＫ課長以下見知らぬ顔のお偉いさんが苦虫をつぶしたような顔でじっと睨んでいた。裁きを受ける白洲に引っ張り出され、針のむしろに坐らされた気分だった。

帰りの車中、気は滅入り、打ちひしがれて心はボロボロになった。

今までの努力が１円にもならないのか、金銭による弁償も覚悟しなければならないのかと、悪い方に悪い方に想像する……。お先真っ暗だった。

身体中の血が沸騰するような強烈な動悸にも襲われた。惨憺たる、鬱陶しい気分は続き何も手につかなかった。

〝重苦しい暗い心境の日々が続いた〟。

「騒ぐな！　騒げば騒ぐほど天に向かって、つばを吐くようなものだぞ。笑われるのは我々だろう。近畿薬品工業さんは何も悪くない。パネルを発色したのは近畿薬品工業の工場だが、川崎製鉄の人間がその場に立ち合っていたのだから、近畿薬品工業に責任はない」

といって、この場を収めた人物がいた。工場要員４０００人を束ねる水島製鉄所の最高責任者黒岩取締役工場長だった。

そこに至る経緯は実吉営業部長の根回しがあった。現職の営業部長に就く前は本社総務部人事課長として辣腕をふるった人で、当時の川崎製鉄八木社長を始め取締役員にも知られた切れ者だった。建材市場で今後ステンレス鋼板が外装パネルとして成長し続けると、マーケティング会社を通して市場調査した予想をグラフ化し、社内報に掲載した人物だった。

彼は取付けたパネルの仕上がりが不揃いなのを知った時から、その落とし場所を模索し、水島製鉄所の黒岩工場長と会った。そして、

「我々が大騒ぎをすればするほど墓穴を掘ることになります。他のステンレスメーカーの笑いものになるだけです」

高所から見た見解を具申した。それを受けて黒岩工場長は関係者全員を集めて、

「今回は大いなる実験の場だ！」

いい放ってこの場を収拾した。

〝御咎めなしで発色費用は支払う〟という決定に胸を撫で下ろした。

川崎製鉄水島工場事務所棟完成の前年、1985年12月9日鉄鋼業界紙「金属特報」に見出しが躍った。

「日新製鋼は山口県周南工場に化学発色ステンレス鋼をコイル化」「画期的な技術開発・来年6月メドに山口県周南工場に完成・月産400トン・コスト低減に威力」という記事が掲載された。

日新製鋼株式会社はステンレス鋼専門の高炉メーカーで、その100％子会社「月星アート」は尼崎にあり、ステンレス発色意匠鋼板では日本の先頭を走っていたにもかかわらず、この記事は日新製鋼本社自らが乗り出し、ステンレス鋼の化学発色技術「インコ法」を屈指して「ステンレスコイル鋼板の連続発色設備」に新たに取り組む覚悟を掲げたことになる。まさにわが社と川崎製鉄を意識して「1周も2周も先に進んでるぞ」といわんばかりだった。

水島製鉄所の色むら騒動が、何とか落ち着き始めた1986年6月に入って川崎製鉄は、日新製鋼に対抗するため発色ステンレス「ルミナカラー」の生産開始についてプレス発表を急いだ。発表にあたって下記の資料を用意した。

1. 川崎製鉄株式会社は、従来の発色法（例えばインコ法）とは全く異なる独自方法（特許出願中）による発色ステンレス「ルミナカラー」の開発を、近畿薬品工業株式会社（大阪府八尾市、社長居相英機氏）と共同で行い、このたび商用生産を開始した。

2. インコ法など従来の発色法では、酸性溶液で着色したのち、着色膜を硬化する方法「2

液2工程」が主流をなしていた。

3．今回開発した方法は、酸性溶液中で特殊電解を行うことによって着色され、「1液1工程」で特別の硬膜処理を施さなくても、従来のものと同等以上の硬膜を有する発色が得られる。

翌日、日経産業新聞をはじめ業界紙金属特報や鉄鋼新聞等に記事が掲載された。「独自のカラーステンレスを近畿薬品工業と共同開発」と「川崎製鉄ステンレス意匠鋼板に進出、特許交番電流発色法の実用化に成功。水島製鉄所総合事務所本館に採用」という見出しだった。

川崎製鉄は、ルミナカラーを商業化するにあたって、近畿薬品工業の設備だけでは対応できないので、わが社との共同実験開発の段階から、西宮工場に設備化する方向で検討していた。プレス発表がきっかけで川崎製鉄は発色設備導入計画が一気に進んだようだった。

川崎製鉄が、ステンレス鋼の電解発色法を自社内に設備化するのは、今までの展開や可能性から見て当然の結果だろうと驚くにはあたらなかったが、私から見れば「発色作業の現場を経験した者が誰もいなくて設備ができるの？　稼働できるの？」という疑問が湧いていた。

ステンレス鋼の電解発色法は永きに亘って私の念頭から離れず眠っていたが、川鉄との共同開発がきっかけで目を覚まし、昼夜を問わず研究に没頭した。そこで「はっ」と気がついたことがあった。川鉄が申請した特許技術とは明らかに異なる技術であることに気づいた。〝新たな発見だった！〟。

電気分解によって酸化皮膜を成長させる基本技術部分は同じだが、川鉄の特許では「電解液中に陽極と陰極を交互に繰り返すことにより陽極時に発色皮膜が成長し、陰極時には硬膜される」というものだった。

新聞発表の折にも、従来のインコ法は「発色と硬膜を2液2工程」で行われるが、川鉄法では「発色と硬膜を1液1工程」で行う〝新たな発明〟と公表していた。

私の持論は「発色と硬膜を1液1工程」では無理だ、できないという考え方であり、川鉄の発色理論とは、明らかに異なる技術の発見であり、新たな発明だった。

信頼するI氏から、電気化学分野を得意とする岡田特許弁理士事務所の岡田先生を紹介され相談すると、

「共同研究は、川崎製鉄が特許申請した技術の実用化です。居相社長が発見した技術は明らかにそれとは異なる論理による別途の発明なので、独自に特許を申請すべきです」

という見解とアドバイスを貰った。また、岡田先生からは、

「大手企業のやり方は、すべて企業内で発明発見が行われるのではなく、社名は言えませんが、中小企業の持つ技術を知らぬ間に特許申請するのは常套手段であり、当たり前の認識があります。我々の事務所にもそんな特許の申請を多く依頼されます。今回の近畿薬品工業さんのケースは初めてです。遠慮していたらダメです。内容に自信があるなら、堂々と特許の申請をされたらいかがですか？」

と聞き、強い味方を得ることができた。

「特許範囲は、広く取るより狭めて確実に特許になるよういくつにも分けて申請することを薦めます。製造の方法特許と設備特許に分類するのも一案です。居相社長が発見した案件は全部特許として出されてはいかがですか？」

まさに〝我が意を得た〟アドバイスだったので迷いはふっ切れた。

独自に考察していた理論とアイデアを推敲し、昼夜を問わず特許請求範囲を求める実験に没頭し、１９８7年5～6月に計6件まとめて出願した。その内４件が独自特許として権利化され、その後のわが社に大きく貢献した。

後日川崎製鉄は、わが社と共同実験を行った5月と6月の研究結果を踏まえ、何の相談もなく、１９８6年9月に6件の特許を独自に出願していたことが分かり、特許争いの渦中を体験した。〝正直者は馬鹿を見る〟を地で行く現実であり、生き馬の目を抜く技術競争、市場競争を改めて知る出来事だった。

岡田先生のアドバイスは「値千金」の価値があったと感謝し、我が人生痛快ごとの一つに挙げられる。

発色ステンレス鋼「ルミナカラー」のプレス発表の時、ステンレス鋼専門の流通大手商社「阪和工材」を一代で築いた吉村保造社長を実吉部長から紹介されて、一緒に食事をした。「これからは海外展開を視野に入れ、特に東南アジアは検討しておく必要がある」同席した川鉄商事（現ＪＦＥ商事）ステンレス鋼事業の奥村部長交えた4人は盛り上がり、香港と台湾視察が決まった。

視察は、１９８７年2月9日から15日まで1週間。

阪和工材の吉村保造創業社長は、太平洋戦争末期に学卒経理主計官として陸軍に召集され、国内での軍事訓練もそこそこに、東南アジアの激戦地に赴くことになったが、乗船する船の調達ができずに九州で足止めされた。

漸く船に乗り込みフィリッピンの戦地に向かったが、到着と同時に日本軍の撤退が始まっており、戦火を交えず、敵に撃沈されることなく、日本に無事帰国したという幸運の持ち主だと本人が語っておられた。

戦後、大阪十三に事務所を設け、ステンレス鋼板の流通業として商売を始めた。みるみる内に取扱高を伸ばし、関東に営業所を4カ所開設し、東南アジアはシンガポールと香港にも展開し、一代で年間500億円を売り上げる大社長だった。

そんな創業社長と朝から晩まで1週間同行できる機会は、そうそうあるものでない。売上500億円もの金を動かす経営者とはどんな人だろう、と私は興味津々だった。旅行中、経営上のいろいろ大切なことを教わり、忘れえぬ視察となった。

初日は香港に入った。当時中国の鄧小平が共産党総書記長に就き、政権を握ってから、「白い猫も黒い猫もネズミを獲るのはいい猫だ。可能なものから先に豊かになれ」と経済成長を最優先する先富論を唱え、市場開放路線に大きく舵を切った。

それを耳にした吉村社長は、1年前に英国領香港に営業所を開設し、そこを拠点に中国国内への進出を狙った。そして阪和工材香港営業所長の手配で、中国の経済特区「珠海」にいち早く、ステンレスのパイプ工場を起ち上げたところだった。その視察と香港営業所の経営状態を監査するのも、今回の出張の目的だった。

吉村社長は経理畑出身の人で、経営の〝物差し〟は「ソロバン」だった。頭には常に銀行金利があり金銭感覚の鋭い人で、香港営業所を訪ねて最初に手を付けたのは経理の帳面だった。試算表・売上帳・支払帳にはざっと目を通し、次に「金銭出納帳」に眼をやり、記載されている数字をじっくり追いかけ、ぶつぶつ独り言を言いながら手の指はソロバンを弾く動き、暗算しながらじっくり目を通された。

「在庫が多い。月の売り上げの半年分の在庫は多すぎる。これでは借入金利がかさみ、少々高く売っても利益は稼げない」

と、語るでもなく、独り言を吐かれた。また、

「回収が悪い。売掛金の回収に日にちが掛かりすぎている」

とも。店内倉庫にはステンレス鋼板がうずたかく山のように積まれていた。

「資金は会社にとって血液と同じ。血液が滞れば体調も悪くなるし、病気になる」

今度は私に向かって語りかけられた。私は、経営の要諦を教わったのだ。

流通業は仕入れた商材を転売し、その差額、利ザヤ口銭を稼ぐのが経営の要諦である。銀行も、預り金と貸出金の利ザヤを稼ぐことで経営が成り立っているので、流通業と銀行は共通点がある。「ああそうか」、吉村社長の経営手法の一端が垣間見られたような気がした。

旅行中、土地に関する考え方も伺った。阪和工材の営業所は借地ではなく、すべて自社の所有地なのだ。今にして振り返れば、吉村社長は、日本はインフレ化にあり、経済成長に伴って物価は上昇する。経営には短期的視野と長期的視野が必要で、土地は長期的視野に立てば購入した方がいい。購入資金に金利はかかるが、長期視点では購入時の金利よりその後の土地の値上がりの方が上回り、放っておいても値上がり益を稼げるようになるのだ。

海外でもそれは通用するのか、吉村社長はすでに、アジアの拠点になるだろうとシンガポールに営業所を設け、コイルセンターも併設されていた。

翌日早朝、香港から賭博場のあるポルトガル領マカオまで船で行き、船を乗り継ぎ工業特区珠海港に着いた。共産主義の中国国境で、襟に赤線の入った軍服姿の厳しい顔つきの検問員の検閲を無事通過して、ボロボロの車に乗って、まだ舗装されていない珠海工業団地内のパイプ工場に着いた。100メートルほどの縦長平屋工場に入ると、手前右側にパイプに造管する中古の機械装置が1ライン坐っていた。技術指導のため日本人が一人いた。それ以外は薄汚れた顔に薄汚れた衣類を纏った現地の中国人が、100人近くも居たのでびっくりした。部品不足で設備は停止しており、日本人技術者も手持ちぶさたの様だし、現地作業員は何もしないで座り込んだままだった。工場の建屋の裏に行くとバラック小屋が建ち、中に入ると左右に三段ベッドがずらっと並び、若い男女の作業員たちが集団でたむろしていた。

「人が多いのにびっくりしたでしょう」

日本人技術者の説明では、工場進出にあたり現地の人間を多数雇用するのが条件なのだそうだ。でも給与はタダみたいに安いらしい。

日本で私は、人ひとり雇うにも苦労していたので、この落差に大変なカルチャーショックを憶えた。真新しい広々とした珠海工業団地には、阪和鋼材のパイプ工場以外に建物は見当たらず、吉村社長の先行投資と英断にとても感心した。

1989(昭和64)年1月7日昭和天皇が崩御し、皇太子明仁親王が即位した。元号は「昭和」から「平成」に改元し、ここに「昭和」は終わった。

元号が代ると同時に、〝共同技術開発の実質責任者であった実吉部長が突然退職する〟というニュースが入ってきた。

「居相さん申し訳ない。会社命令で急にタカラスタンダードに転職することになったんだ」

本人から連絡が入った。詳しい事情は述べずに、

「会社命令は勤め人の宿命だから」

と、つけ加えた。

1967年10月27日、「英機ちゃん、誕生日おめでとう！」と私が26歳になった誕生日を祝う母親からの電話の途中、「英機ちゃん、頭がなんだかおかしい……」と呟きながらその場で母親は脳溢血で倒れた。翌日、微動だにしない母親の姿を見て、山樫産業の再建の誘いを振り切って〝母親の面倒は私が看る〟と決意し、八尾に来た。

それから20年が経過した1987年4月2日の朝、中学生の長女美和子が、

「おばあちゃんが大変！　布団で倒れてる！」

と階段を駆け上がって来た。

「朝起きて、何かの電気のスイッチを入れたのと同時に停電した。おばあちゃんの部屋からドサっという音が聞こえたので、襖を開けるとおばあちゃんが布団の上に倒れていた」

母親の部屋に入ると、意識は既になく、呼吸が止まり、身体はまだ温かったが、身動きしない母親の姿がそこにあった。そのうち、身体が冷えていくのを感じた。臨終だった。

「脳梗塞で即死です」

近所のかかりつけ医はいった。苦しまず、誰にも迷惑を掛けず大往生だ。

「お母さん、今日までありがとう！」

〝合掌〟満74歳だった。

英機ちゃん
お誕生日おめでとう

英機、飲み込まれた！　負けだ！

バブルがはじけ、受注は減少

１９８５（昭和60）年９月、ドル高による貿易赤字に悩むアメリカは日、米、英、仏、西独Ｇ５と協調介入するプラザ合意を受け入れ、１ドル２４０円前後だった為替相場が１年後に１ドル１５０円台まで急騰し、大幅なドル安・円高になった。日本は〝円高不況〟と称され深刻な不況に陥り、輸出産業が大打撃を受け、東京や大阪などの町工場では倒産が続出した。製造業の国外流出もこの時期に本格化した。

かたや１９８６（昭和61）年12月〜１９９１（平成３）年までの４年３カ月、不動産を中心に資産が過度に高騰し、実体経済から乖離して資産価格が一時的に大幅に高騰した〝バブル〟といわれる時代から〝バブルが弾け〟、その反動として急速に大幅な資産価格の下落や金融収縮などが起こり、経済問題が多数噴出することになった。

株価に象徴されるバブル経済は、この年最高潮に達し、日経平均株価は１９８５（昭和60）年９月の１２，５９８円から、１９８９（平成元）年12月29日の大納会には、史上最高値38，957円と約3倍となったが、それをピークに翌年から長期低落の道を歩み始め、1990（平成2）年末の株価は23，000円台まで下落していた。

景気が明らかにおかしくなったのは、地価の下落が始まった1991（平成3）年からで、実感できたのは1993（平成5）年初頭からだった。それまで毎年山のように届けられた新卒就職情報誌はぱったりと止まり、その後30年以上にわたる長期不況（失われた30年）などの引き金となった。

海外に目を向けると米ソ冷戦の終結という激動の時期だった。

1990年は東西ベルリンの壁が崩壊し、1991年ソ連のゴルバチョフ大統領が共産党書記長を辞任し、共産党を解散し、12月に「ソビエト社会主義共和国連邦」の消滅を宣言した。国連安保常任理事国は「ロシア」が引き継ぎ、1917年のロシア革命以来75年の共産党支配の幕は下りた。

川崎製鉄とステンレス電解発色技術開発に取り組んだ1985年から5年が過ぎ、世の中がバブルに沸き、崩壊していく間、わが社は蚊帳の外にいた。電解発色ルミナカラーの技術開発に明け暮れる年月を私は過ごしていた。

1989年平成元年、川鉄の西宮工場に建材用電解発色設備〝ルミナライン〟が完成したので見学に行った。

「〝新日鉄に追いつけ、追い越せ〟の鉄鋼会社が作る発色設備とはこんな規模なのか！」

〝月とスッポンほど〟の設備規模の格差というか、次元の違いを感じた。

「飲み込まれた！　負けだ！　競争にならない……」

その上バブルがはじけて以降、電解研磨の受注は大幅に減少していた。

川鉄が導入したステンレス鋼の発色設備は、建材向け板厚1・2～3・0ミリだったので、私は差別化を図るため30μ、50μ、80μのステンレス箔材と、ステンレス極細線で織った平織網材が〝服飾や装飾用などの意匠材として使えないか〟と試行錯誤を重ねた。

1990年、「花と緑の世界博（花の万博）」が大阪市鶴見緑地で開催され、〝造花部門〟光の館に7月14日～7月22日、宣伝効果を狙って出展した。箔材を使って直径1メートルの薔薇や平織メッシュ材を用いたハイビスカス、ブドウ、牡丹など10数種類、素材はオールステンレス製の造花を、妻美佐子とその友人が中心に創作した。

花博の品評会では〝銀賞〟に選ばれ、TV・新聞紙上で話題になり、「新素材カラーステンレス金属布〝エルフューロ〟の誕生」と日本経済新聞にも大きく何度も取り上げられた。

ファッション界は常に流行を作り出す魅力ある市場だ。個性的なデザインを日本から世界へ発信するデザイナーたちは、いつも新しい素材を求めている業界だ。世界的に名声を得ているデザイナーに提案したいと考え、毎月東京に出張し、三宅一生、森英恵、山本寛斎、桂由美、光の芸術デザイナー石井幹子など、事前に予約を取り、有名な服飾デザイナー事務所と店舗設計事務所を1年間訪ね歩いた。睨んだ通り、新素材には敏感で事前に予約した先はほとんど説明を聞いてくれ、東京新宿・代々木の文化服装学院ではS先生から注目され、

「教室の教材に取り入れてみたい」

といわれ、わが社から〝ステンレス製金属布エルフューロ〟素材を無償提供し、生徒たちに自由に好きな作品を創作させた。教室での創作風景は取材され、TVで放映されて反響はかなりあった。

文化服装学院のその年の卒業作品の中で、「優秀作品」にステンレス布で制作した〝帽子とスカート〟が選ばれ、4色の各帽子とスカートを身に着けたモデルがステージを歩く発表会に招待された。神戸オリエンタルホテルの会場には来賓としてダイエーの創業者中内功社長、隣に文化服装学院院長、その隣に私が座るという栄誉に預かる。

大阪御堂筋パレードに参加した阪急東宝グループは、未来劇場からやってきた妖精に扮し

た宝塚歌劇団のスターたちが、文化服装学院の生徒が創作した〝エルフューロ製ハット型帽子〟を被り、阪急少年音楽隊の演奏の中、御堂筋を北から南までパレードした。それについて歩き、ひとときの至福の時間を味わった。

1993年4月1日付けで、社名を「アベル株式会社」に改名。

「近畿薬品工業株式会社」の名は、1943（昭和18）年2月5日設立登記された祖業名で、私が入社した1967年以前の20数年間で「近畿薬品工業株式会社」は3度倒産し、3度業務は停止したが、法務局に「業務廃止届」を提出していなかった。

土地は借地だったので、倒産して業務停止中も「近畿薬品工業株式会社」の「資格法人名」は生き続けてきた。

1983年8月に私は、地主稲田さんから土地を購入したので、社名は変更できたが、そのタイミングを見計らっていた。祖業1943（昭和18）年から50年経過した1993年を期に「アベル株式会社（Abel Co．Ltd．）」と改めた。

アベルは、旧約聖書に人類の始祖となるアダムとイブの第二子の名がAbel（アベル）。「ABEL」の意は、〝A〟はAce「最高の、一番」のA、BELは、フランス語で「美」

を表し、英語ではｂｅａｕｔｙ若しくはＢｅａｕｔｉｆｕｌの美。ＡＢＥＬの〝Ｅ〟はエンジニアのＥを重ねた。従って、〝ＡＢＥＬ〟は「最高の美」、つまり「超一級の技術をもって最高の美を追求する」という企業理念を、新しい視点から表現したものだ。

企業スローガンは「環境空間をステンレスで彩る」を掲げ、「チャレンジ」「生命力」「自由な表現力」も表している。尚、このＣＩデザインの特長は、社名と一体のものとして成り立ち、かつ単独で強いインパクトを持っていることである。

企業イメージを統一するために「ロゴマーク」「シンボルカラー」も新たに設定した。

アベルレッド（マーク）：《動のイメージ》太陽・生命力・躍動感・ポジティブ・ホット　ＤＩＣ―１１５

アベルブルー（ロゴ）：《静のイメージ》清潔感・清涼感・さわやか・深さ・クール　ＤＩＣ―１４２

１９９３年11月20日の日経産業新聞には、社名変更を機に〝時代の旗手　アベル　カラー金属布で攻勢〟として取り上げられた。

「大阪府八尾市は、江戸時代に河内木綿の産地として栄えた地域。安い輸入綿や合成繊維などに市場を奪われ、その面影は全く残っていないが、この河内木綿と同じハイメッシュ加工技術を生かしたステンレス製の金属布が、アベルの手によって世に送り出されようとしている。金属の持つ高級感と電解発色による色彩を武器に、ファッションや店舗装飾分野への売り込みを図っている」

記事掲載後、文化服装学院の先生から呼び出され、

「衣料素材には〝伸縮性〟が必須条件です。エルフューロにはそれがないですね」

これでファッション向け素材への道は閉ざされた。

モニュメントか、オブジェ等店舗用装飾の用途に狭まり、原価が高価なので販売価格を下げることができず、「新素材エルフューロ」は不発に終わったが、「新素材は常に求められている」「有名エンドユーザーと直に話ができる」「川下から川上へ」「下請けからメーカーへの可能性など」多くを学んだ。

1995年1月17日朝5時過ぎ「グラグラ!」っと地震が襲ってきた。大きな揺れに飛び起き、長女美和子と妻美佐子の無事を確認し、TVをつけると震源地は神戸方面と分かり、西宮のアパートに住む長男浩介の安否を確認するため電話をした。

「僕は大丈夫だ。でも僕のアパートの前方に見える二階建て住宅は一階が全壊し、二階だけ

が地上に残ってる……」

想像を超える話から阪神地区の被害は壮絶なものだと推測された。

一度電話を切って6時前にもう一度息子に電話すると、混線してつながらなくなっていた。その後数日間連絡取れず、電話線はパンクしていた。

川崎製鉄西宮工場の発色ラインは、数年経っても軌道に乗ったという話は聞こえてこなかったが、なかに「損益を度外視した方法が取られているようだ」との話が商社経由で届いた。

「どういうこと？」

その一例として、4尺（1219㎜）×8尺（2438㎜）の定尺板の注文に対し、長手方向の両端300㎜ほどが色ムラになるので、長さ4000㎜の板の両端を切り落として出荷している〝という。

「そんなアホな！　採算合わないじゃん！」

間尺に合わない話なので営業部隊も積極的に販売できず、意気も上がらず、負の循環に陥っていた。加えて職場の転属があると、現場には責任者不在となり、電解発色技術を理解できる人はいなくなり、遂には稼働しなくなったようだ。

〝ステンレスの電解発色は現場の経験がものをいう〟私の持論だったので〝わが意を得た

りだ！〃「ざまーみろ！」と心中で叫んでいた。

次の年、わが社と川鉄が付き合うきっかけとなった窓口の広野部長補が、実吉さんの要望でタカラスタンダードの大阪工場長に引き抜かれた。

そして明石海峡を震源とするマグニチュード7・3の巨大地震の直撃を受けた西宮工場は多大な被害を被り、外観建屋は辛くも形を残していたが、床は亀裂と、波打つ起伏により、ステンレス連続電解発色ラインは無残にも重なりあって崩壊した。ここ数年設備は停止し、国内、海外問わず設備売却に出していたが、買手が見つからず、これを機にスクラップとして撤去された。

大手鉄鋼メーカーは一度手を出して失敗した事業は、二度と手を出さないのが鉄則と聞いていたので、「これで日新製鋼も川崎製鉄も発色事業には二度と現れない。今後日本のステンレス鋼電解発色技術はわが社が独占できる！」と思った。

1997年の消費税5％増税とアジア通貨危機の影響による更なる不況の深刻化が進む中、兄光政の長男、圭史から急な電話。

「お父さんが死んだ！」

という訃報だった。病気とは聞いていなかったのでこれは「急死！」と直感できた。即、東京に向かい、六本木の高層マンションの一室に入った。そこには寝室のベッドの横にパンツ一枚の兄がうつ伏せになって横たわっている姿が目に入った。当時兄夫婦は別居生活をしている。

死後何日かが過ぎていたのだろう、死臭の匂いが部屋一面に漂っていた。まもなく警察官が来て、

「民事解剖しますので病院で預かります」

タンカーに乗せ連れ出した。

兄はヒットユニオンというイベント会社を経営しており、その社員のH君が曰く、

「社長は、〝一週間ほど東北地方に出張する〟、といって出掛けて、もう10日以上経つが何の連絡もないので不安を覚え、マンションまで見に来たが、ドアをノックしても何の返事もなく、なんとなく変な臭いがするので、管理室の人に告げ、一緒に部屋を開くと寝室に倒れていた社長を発見した」

ということだった。6月16日の出来事で解剖結果、死因は「脳溢血による即死」ということだ。1998年（平成9）58歳だった。

バブルに踊った建築建設業界が不況になり、新たな進出先として半導体業界に目を付けた。半導体を大量に使うコンピューター業界は長期トレンドでは成長路線を走り続けていたが、業界の景気の波は「ムーアの法則」と言われ、メモリー容量が倍増する2～4年ごとに、次世代モデルに一気に更新し、繁忙期と閑散期を繰り返していた。

半導体部品のバルブメーカーフジキンは、わが社が川崎製鉄と電解発色の共同開発を始めるまでは、ステンレス製鍛造バルブの無垢材の電解研磨を長い間受注していた取引先だった。川鉄との縁も切れたので、10年振りにフジキンを訪ねた。当時工場長の山本さんは柏原工場団地に半導体専用の別会社「柏原フジキン」の社長に就いていた。

「お久しぶりです。ご出世なられておめでとうございます」

「ほんと、久しぶりやなあ」

にこやかな笑顔が返ってきた。そして、

「10年前、近畿薬品さんにチーズ、エルボ、ソケットの内面鏡面研磨を期待してたのに取り組んでくれなくてとても困ったんやでー」

笑顔の奥に苦情に近い言葉が含んでいた。

当時、川鉄と電解発色の共同開発をするタイミングと重なり、フジキンの要望をお断りせずにいられない状況だったが、まだ根にあるようだった。

「今、ソケット（長さ50㎜、直径10㎜、内径7㎜の直管）の内面研磨に困ってるんや。バフ研磨なので表面に研磨粉の汚れが残り、品質クレームになってるので、近畿薬品いや、アベルさんで何とかならんやろか？　電解研磨法で取り組んで欲しいんや」

「一度持ち帰って考えさせてください」

電解発色の受注が閑古鳥だったので、新たな挑戦テーマに半導体部品の電解研磨に取り組むため、青木部長を中心に技術開発のスタートを切った。

ビーカー実験で単品ではうまくできた。先方に見せると、

「これはいい！」

という評価である。今流れているバフ研磨の工賃をきいて取り組んでいたが、フジキンの希望はその半値近い価格だった。フジキン曰く、

「今後大量に出ます。今のバフ研磨では歩留まりが悪く、生産が追い付かない。アベルさんには量産対応とコストダウンをお願いしたい」

この言葉に刺激され、一つひとつの手仕事ではコストが合わないので、10個同時に作業で

きる自動機が必要と判断し、設備を一から作ることにした。

自動機となるといろいろ問題が発生し、実用化に相当時間がかかった。後工程も自動化が必要なので、それはまた一からの開発となり、実現になるまで月日はどんどん過ぎて繁忙期が過ぎてしまったのだ。わが社が準備を整えた時期と半導体業界が冷め始めた時期は重なり、受注はゼロベースまで落ち込む。

フジキンもこの影響で受注がゼロになり、「何年先に復活するか見通しもたたない」という。フジキン側も、次世代向けの新工場建設計画は違約金を払って中止し、検査要員として寮生活させていたブラジル人三世の女性社員も、大量に解雇した。

翌年決算期をむかえ、フジキンとの取引は諦めたが、フジキン専用に準備した新設備が無駄になり、すべて除却処分として破棄した。結果、3000万円近い投資が無駄になった。幹部を集め、経営会議を開き議論の上、フジキン向け検査要員として女子短大新卒4名と希望退職含め9名、社内リストラを実施するしか選択肢はなく、厳しく悔しい結果に終わった。

フジキンとわが社は〝縁がない〟、〝歯車が合わない〟という不遇の関係だったのか……。

痛恨の極みだったがフジキンを恨んでも致し方なく、その判断と決断は社長である私の責任以外の何物でもなかった。

公私にわたって悪い年だったが、明るいニュースもあった。

長男浩介は竜華小学校卒業後中学受験し、中高一貫教育の清風中学校に入学。清風高校卒業後は関西学院大学化学科に進学した。

3回生の秋だった。

「大学院に進みたい」

「なぜ?」

「親父が会社の跡を継げといわないからだ」

「お父さんは、お前のその言葉を待っていたんだ。私の強制ではなく自分の意志で後を継承して欲しかったからだ。会社を継承してくれるなら、来年は1年間海外留学を経験し、越年後4回生に戻り、3年ほど他社で修業し、社会を体験した上でわが社に入って跡を継いではどうだ」

提案すると、

「そうする」

同意を得たのである。

息子浩介が10カ月に亘るアメリカ留学から元気に帰国し、就職活動の結果、富士ソフトABCに入社した。

息子の成長ぶりに家内美佐子と心から喜び合った。

〝捨てる神あれば拾う神あり〟。取引先「日本メッシュ」からの引き合いで、「世の中停滞ムードのなかにも成長している業界があり、新たなニーズがあるんだ」と知った。

当時パチンコ店は大型化され、1店舗にパチンコ台が500〜1000台設置された。そして1台の故障も誤作動も許されず稼働し続けるには、人手に任せられないので省力化も含め、最先端装置が導入されていた。数百台の玉の補給と台から出てきた玉を1カ所に集めて、全数洗浄し、変形玉は間引きし、異物の混入も許されない全数検査の上、また各台に送り返すまで、すべての工程が全自動化され、それは半導体の塊産業に成長していた。ところが半導体の塊ゆえに二次障害が発生し、その中で電磁波が問題になっていた。

パチンコ台の前面はガラスなので電磁波は素通りし、隣同士の台や向かいの台から発生する電磁波が誤動作を誘発していた。

電磁波が発生する原因は人気アニメの主人公だったり、人気歌手やタレントの顔や動きなど、パチンコ台の魅力を仕込んだ部品から発生する電磁波にあった。LEDライトの点滅、点滅スピード、色替えなど、仕掛けの目玉部分なので覆い隠すわけにはゆかず、透視性がありなお電磁波だけ遮蔽（シールド）したいという要求だった。

最初日本メッシュは、60μ（0・06㎜）のステンレス線径で織った平織りメッシュを薄い透明樹脂とサンドイッチにした成形品を提案したが、金属メッシュは電磁波は遮断できるが「線が見え透視性が悪い」とクレームが付いた。

「網を黒くすることで透視性が解決できるのでは？」

とわが社に相談に来た。実用には、

「線形60μ（0・06㎜）、巾0・9m、長さ30mの平織り網メッシュ材を黒くできないか？」

という要望だった。網の長さが30mなので、網と網とが重ならないよう渦巻き状に巻き取る治具を考え、折れや皺に気を付けながら作業した。

〝窮すれば通ず〟、最終的には工夫に工夫を重ねて、スタート時の4倍の生産量を上げ、稼ぎ頭にのし上がり、2000〜2014年は潤った。

「海外交流研究会」は1993年に、ものづくりの多い中小企業が東南アジアに進出するうえで、情報収集と交流を図る目的で、国の政策の基に大阪府産業課が指導し発足した団体だった。私は設立当初から入会し、1994年から毎年海外へ産業視察を行っていた。

1998年は東南アジアに縛られず、どこの国でもいいとなり、

「パソコンの生みの親マイクロソフト社を見たい」

アメリカ合衆国カリフォルニアのシリコンバレーの視察が2月に実現した。

11月には欧州ドイツを訪問した。私の団長報告を掲載する。

大阪府中小企業海外交流研究会（海交研）一行16名は、1999年10月3日一路ドイツのフランクフルトめざして、10月というのにまだ夏の暑さを残す日本をあとに、期待で胸を膨らませ関西空港から飛び立った。ドイツは北海道より少し北に位置し、人口は約8000万人、面積は35万㎞、日本より5％程少ないが丘陵地なので、耕作面積は日本と比べてはるかに多く、機上からも、汽車に乗っても、例のアウトバーンを走っても北海道の平野を連想させられた。

当初、海交研は東南アジア諸国を中心に、シンガポールに始まってマレーシア、インドネシア、中国、香港、フィリッピン、タイ、ベトナム、台湾、韓国そして昨年度はアメリカの

シリコンバレーを視察してきた。

今回ドイツを選んだのはＥＵ15カ国統合の主要的役割を果たし、貨幣統一を目前に控え、厳しい産業環境にあるドイツの中小企業は、今どんな状況にあるのか、訪問し経営者とじかに会って率直な意見の交換を図りたいと願い企画した。

事前に勉強会を開き、ドイツに関する知識、情報を学んでいたが、実際に視察してみて分かったのは、意外と知られていないのがドイツの中小企業に関する実体であった。

ドイツの中小企業が抱える問題点は受注の確保、良き人材の不足、雇用の問題、人件費の高さ、コストの削減、品質管理、納期対応、新技術新製品の開発、後継者問題など、日本の中小企業が抱える問題と同じであると実感した。学んだことは自社の技術に対する誇りである。発注先のベンツ社に対しても常に対等の立場で交渉している姿勢、そのための努力を日々怠らない研鑽の姿であった。

訪問先では社長を筆頭に奥様、子息などから親切な応対と十分なコミューニケーションを図ることが出来た。特にＢＬＯＫＳＭＡ社では、地元のおいしいワインと奥様手作りのクッキー、サンドイッチなど郷土料理による心からの歓迎を受け、その町の町長と地元の新聞記者も駆けつけて頂き、全員感激し、参加して本当によかった、そして再度訪問したいというのが偽らない感想であった。

この次の年から国の助成金がゼロになり、視察旅行は勿論、大阪府の事務局としての役割は廃止されたが、府の担当だったT氏が窓口に残り、独自運営を続けて、その後も「大阪府グローバル研究会」と改名し、今日まで毎年行事を継続し、現在も愛着ある団体である。


1995年アメリカ・シリコンバレーにあるマイクロソフト社が、パーソナルコンピューター（パソコン）「Windows95」を発売し、一気にパソコンの時代に突入した。大手企業しか導入できなかったコンピューターを卓上型のサイズに小型化し、その上パソコンを使って、「インターネット」による情報発信の普及はアメリカだけでなく、日本も含め爆発的に売れ、世界中に浸透した。情報化社会の幕開けだった。

パソコンソフト「Windows95」が発売されて5年が経ち、手つかずにいたが「パソコン閃き術」という本に出合った。

「自分の心の中を覗いたことがありますか？　心の中には、外の世界と同じくらい広く深い世界が広がっています。私は、パソコンにメモを溜めるようになって初めて、自分の内なる広く深い世界を見ることができるようになりました。自分の内なる世界は、外の世界と同じように魅力的なのです」

「毎日、〝よかった！〟と感動したことをメモしていったのです。人間はいざというとき、どのくらい感動体験を積んできたかが勝負となります。どんなに忙しくとも、感動することを面倒くさがってはいけません。感動が溜まっていくと、ナレッジ（叡智）が生まれます。毎日の感動をパソコンメモに溜めることを数カ月続けていると、自分だけのナレッジ（叡智）のデータベースができあがります。これは、世界中で自分だけのものであり、〝第二の脳〟、自分の体の外部に脳を持つことができます」

この言葉に触発され2001年2月パソコンを購入し、60歳の手習いを始めた。

今まで私は大事なことはノートに記して、「成功ノート」と名付けて何冊にもなっていたが、パソコンを始めて日々の記録をメモし始めた。「気づき」、「ひらめき」や「アイデア」を記録し、「備忘録」というフォルダーを用意し、数年ごとにファイルに分けて書き残してきた。

ノートからパソコンに移って記録量は10倍になった。「気づき」を「記録」すると「知識」になり、「継続」するうちに「革新の知恵」「創造力」になっていった。

もう一つのメモリーが新聞記事の切り抜きで、整理しやすいようにA4プリント用紙にコピーしてファイルした。Ａ４サイズにこだわり、大きな面積でも縮小してＡ４サイズにまとめた。１年に１冊の切り抜きファイルになったので20冊近くになる。

切り抜きファイルは20冊！

「黒」に絞り込め！

英機、黒に絞り込め！

黒色コイル材電解発色ライン 1号機完成

２００７年65歳を迎えた年明け早々、大阪警察病院の人間ドックに検査入院した。

検診後、

「レントゲン写真では４㎝強の大きさの〝大動脈瘤〟と〝右足動脈狭窄症〟が認められます。大動脈瘤は５㎝超えると破裂する危険性があるので早めに除去手術をしたほうがいい」

と薦められたが、自覚症状もなく痛くも痒くもなかったので、手術には戸惑いを感じた。

「今後定期的に診察しましょう」

といわれ、警察病院循環器内科に通うことになった。

そして数か月経った頃、警察病院で再検査を行った。担当医は、

「現状で放っておいても良くなることはないので、早く除去手術をした方がいい。俳優石原裕次郎が亡くなったのは、大動脈瘤の破裂が原因でした」

といわれた。

「裕次郎の死因は大動脈瘤だったのか。じゃー破裂する前に手術するか！」

とすんなり受け入れ、8月に入院と決めた。手術中、長女美和子と長男浩介は控室に待機していた。手術は7時間に及ぶもので、途中「ギャー」と手術室から叫ぶ声が聞こえると、

「お父さん、痛いんだ。苦しんでるんだ！」

と大層心配したらしい。

麻酔が切れて、薄っすら目覚めると身体中が痛く、呼吸をするたびに強烈な痛みが走り、時計の秒針音に合わせて繰り寄せる痛みにひたすら耐え忍ぶしかなかった。

手術した翌日、医師から、

「トイレは自力で行きなさい」

〝一般に、大手術後は安静に〟と考えがちだが、この病院では翌日から動けという指示にびっくりした。全身麻酔するだけでも身体の生命維持機能を一旦停止させるので、隠れていた病根が目覚め余病を併発する機会を与えることであり、ましてや腹にメスを入れ、みぞおちから恥骨の上まで50㎝も開腹し、内臓を取り出し空気にさらし、その一部を切り捨て糸で縫って繋いだのだ。

「右脚付け根の大動脈内側に付着したコレステロールも丁寧に除去し、ステントを挿入して

おきました」

担当医からケロッと告げられた。

心配とは裏腹に、傷口がくっつかない状態のなか翌日から体を動かしたせいか、余病も併発せず回復は順調に進み、人間の持つ治癒力、回復力とは何と素晴らしいものかと、我ながら目を見張る体験をした。8月15日入院し、9月3日退院まで19日間の入院生活を送った。

入院中、黒発色の作業にトラブルが起きた。

「黒色にはなるが発色後に皮膜がパウダーリング（粉状）を起こして製品にならない！」

「不良品が大量に発生し、お客様に迷惑をかけている！」

大騒ぎになったが、原因はチタン製対極の白金メッキが剥離し、電圧が異常に高くなったためとわかった。新しい対極板に交換したら、パウダーリングはピタッと止まった。

現場は一難去ったが、〝皮膜がパウダーリングした原因は何か、真因は何なのか〟と入院中ベッドの上で考えた。

ステンレス鋼に発色酸化皮膜を生成するには、プラスとマイナスを交互に極性転換し、酸化と還元を繰り返すと酸化皮膜が生成し、少しずつ皮膜は成長する。

酸化皮膜が成長し、厚くなるにつれて色が赤→青→黄→赤→青→黄に転色し、色彩色相はだんだん暗くなり黒に近づく。それを標準色差計で測り、「L、a、b」の数値に変換して表す。a、bは色彩・色相を表し、aを横軸、bを縦軸にしてグラフにすると、色彩・色相を表すa、bが0になるとそこに色はなくなる。つまり黒を表す。

光の干渉から生まれるステンレス鋼の発色酸化皮膜による色調も赤→青→黄と変化し、1周目、2周目、3周目と内側にスパイラルしながらaとbの交差する0に近づく軌跡を描く。酸化皮膜の色彩・色相a、bが0になれば〝黒色〟になる。それが色の収斂であり、終着点「黒色に収束する」のだ。

この酸化皮膜の発色変位は7〜8年前にすでに見つけ、電解発色法ならではの制御技術と理解していた。

ところが現場で起きた発色酸化皮膜の「パウダーリング」のトラブルは、a、bが0になり黒色に収斂して終止するのではなく、皮膜が厚くなるほど導電性が悪くなるので、ある電圧を超えると酸化皮膜は「不働態領域」から「働態領域」に変わる境界領域に移り、皮膜は自壊し、粉状〝パウダー〟になる。これを「パウダーリング」と呼んでいた。

パウダーリング手前の電圧に抑えていれば「黒色」は常に持続し、制御できるということの裏返しだ。

「これだ、これを売りにすればいい。黒色に絞り込めば！」と気づいた瞬間であり、わが社の進むべき方向は「黒に特化だ！」と病院のベッドで決意した。

事務職から営業に移った女性営業1号の谷口さんが、

「社長、受注が取れそうです！」

と嬉しそうに駆け寄ってきた。

「カメラ業界初の自動焦点機能が話題になってるミノルタ（現コニカミノルタ）『アルファ＃７０００』に付く肩から吊るす吊環部分に、ステンレスの黒が採用されるけど、アベルさんできるか、と声をかけられました」

「そりゃ、よかったなぁ」

聞けばＳＵＳ４３０フェライト系ステンレス鋼だという。

「ウーン！　フェライト系か……」

一瞬返事に戸惑った。

「今まで受注してきた建築用建材・金物はすべてＳＵＳ３０４オーステナイト系だったので、フェライト系ステンレスの黒色電解発色はまだやったことがないんだよ……」

「どうします?」

「できるかできないか、テストしてみないとわからないんだ。ちょっと時間くれるかなぁ」

「じゃ、サンプル貰ってきます」

それからが大変。数があるので急遽専用ラインを新設し、実績のない難問に取り組んだ。給電方法や接触不良が起きて色ムラが出ないよう工夫し、採算が合うかも計算し、取り付け方や要求される量がこなせるかなど、あわただしく受注体制を整えた。

当時中小企業家同友会の就職部会に所属し、会員が手分けして手づくりの「就職展」を年数回開催し、10年ほど活動した。中に大阪大学物理学科卒の宮浦則子が入社してきたので、新ラインは彼女に担当させた。学歴はタダじゃない面を発揮し、未完成な技術ながらトラブルもたびたび発生する中、忍耐強く頑張り、値下げにも応じながらも数年間受注は続いた。

でも、コスト的に安い鉄に塗装した方法に変わり、受注はストップした。下請け受注体質なので仕方なかったが、新たな技術開発をしても受注が止まれば終わる。これまでもその連続だったので、抜け出すにはどうすればいいのか悩み続けていた。

「黒色」は機能面からみると〝光を吸収する〟という特性がある。光学部品は光の反射を嫌い、カメラの内部は真黒色だ。「発色酸化皮膜の真黒色」は光の吸収率が98％以上あるので「カメラ市場に大きなニーズがある」と考えられた。

ステンレス鋼の極薄板が部品素材に使われてきて、その表面処理としてメッキ、塗装が採用されていたが、剥がれや塗膜厚みなどに難点が指摘されていた。

わが社の酸化皮膜発色は発色皮膜が０・４ミクロンと極超薄皮膜であり、皮膜剥がれの心配はなく、光の吸収効果は抜群な真黒色なのでニーズにぴったりの商材だった。

谷口さんの営業活動には、ミノルタから受注したカメラ部品「ステンレス製のぞき窓枠」があった。ＳＵＳ３０４系極薄板シート材なので、プレス成形ではなく、腐食液に浸漬し溶解するエッチング法による成形だった。金型が不要で１枚のシート材から数百個の部品が作れるのでコストも安くなり、精密な軽薄部品に広く使われていた。

エッチングによる箔ステンレスシート材の黒発色は光の乱反射を嫌う光学部品に普及し、携帯電話やその後スマートホンの超小型カメラの絞りの役割となるワッシャー形状に採用され、個数にすると毎月数百万個の受注になった。続いて自動車のモニター用超小型カメラの絞り部品へと用途は広がった。

「素人を相手にしなくてもプロに認められる品質の黒色、均一性と再現性に自信があれば安心して使ってもらえる。設備を整え、定まった発色条件なら現場は素人に近い者でも作業はできる」とシート状の箔材の量産見通しが立ち、努力家の谷口綾子さんが営業力を発揮して、シート箔材の受注は飛躍的に増えたのだった。

建築業界以外の新たな市場に、やっと実現に向け動き始めた。

市場は需要と供給のバランスで動いている。需要側の消費者は常に新しいものを求め、供給するメーカーはそれに応えるべく新製品・新商品を出し続けている。重厚長大から軽薄短小化もその流れの一貫であり、毎年何かどこかに手を加え、マイナーチェンジかフルモデルチェンジして、需要を喚起する。市場を調査し、ニーズを探し、各社独自の製品・商品を創って世に送り出している。

そんな社会構造の中で、わが社の下請け賃加工の表面処理業では安定した受注が得られず、売上高トップは3〜5年で常に取引先が入れ替わり、その都度新たな受注先を探さなければならなかった。積み木に例えるなら積み上げると壊れ、積み上げるとまた壊れる。二次下請けや三次下請けに甘んじていては、その繰り返しの連続が常だった。

下請け賃加工からの脱皮！　ではどうすればいいのか……。

〝ものづくり〟のスタートは、〝素材は何を使うか〟に始まり、素材を選ぶのはデザイナーか、設計者だから素材はものづくりの原点であり、新素材は社会を変える原動力になる。

〝素材メーカーになれないか？〟

通常表面処理業の立ち位置は、図面から素材が決まり、指定された寸法誤差の範囲で、いくつかの成型加工を経た最終工程にある。最終下《しも》工程の下請けだ。下工程の下請けの賃加工屋では一生うだつが上がらない。

メーカーを目指すにはコイル材を黒発色すれば、〝酸化皮膜による極薄板黒色コイル材のニーズは必ずある筈……〟。

世の中に塗装したステンレス鋼板やコイル材はすでにあったが、密着性が悪く成型時に剥離したり、耐食性や紫外線劣化など問題点を多く抱えていた。

ステンレスに塗装する場合、ステンレス表面の酸化皮膜が邪魔をして塗料と密着しないので、なにがしかの前処理が必要だ。その上金属の上に塗料を塗ると、異なる材料を重ねるので層間剝離等、必ず問題が発生するのは当然の結果であった。

だから、独自技術による酸化皮膜の黒色薄板コイル材は、世の中から所望されていると信じることだ。

コイル状の素材を、連続して黒色に発色する発色条件はまだわからないが、〝黒色コイル材のメーカー〟という具体的な目標が明確になった。

〝薄板黒色コイル材〟の決定的に優れた点は、大幅なコストダウンが実現できることだ。コイル状のステンレス素材を発色し、発色した素材をプレス加工すれば、今まで行っていた最終工程の表面処理がなくなり、大幅な工程改善が行われ、またリードタイムも短縮され、大きなコストダウンも実現でき、画期的な取り組みになる。

「現状下請け賃加工体質から脱皮し、川上に位置する新素材メーカーを目指すことだ！」

どんなビジネスでも、価格決定権を持つ企業は強い立場にある。価格決定権を握る会社は一番強いといって過言ではない。独自技術から生まれた新素材（商材）を世に提案できれば、価格決定権を握れる筈だ。

ステンレス鋼コイルの発色材が待たれる要因は、過去にあった。

１９８６（昭和61）年にステンレス鋼専門の高炉メーカー日新製鋼は、１２１９幅の屋根材向けステンレス薄板コイルを溶液中に浸漬し、浸漬時間とともに色調が変化する化学発色、インコ法（英国インコ社特許）による連続発色設備を、山口県日南工場に大金をかけて作ったが、多色系を選んだので数年間もがき苦しんだ末、色が均一に揃わず、歩留まりも悪く採算も合わず、結果失敗し撤退に終わった。

製鉄高炉メーカーＪＦＥ（元川崎製鉄）も１９８８年定尺鋼板を連続電解発色する設備を西宮工場に立ち上げたが、電解発色技術の現場ノウハウが伴わず歩留まりの悪さが原因し、採算合わずの状態に陥り、開店休業が続いた。最後は国内と海外に向け設備の売却に打って出たが買い手は見つからなかった。顛末は１９９５年、阪神・淡路大震災の直接被害を受け、西宮工場の連続発色設備は崩壊し、スクラップとして撤去破棄された、という経緯をたどっていた。

それ以降、大手鉄鋼メーカーは、発色コイル材の連続発色から完全に手を引き、同業他社でステンレスの連続発色で成功している会社は皆無だった。

ＪＦＥがステンレス鋼の電解発色に失敗し、撤退に至ったには理由があった。20数年前、ＪＦＥの研究員が発色の専門家の私を訪ねて来たとき、試作品を見て、

「この技術はいける」

と私は断言に近い言葉で評価し、すぐ共同研究・共同実験に入り、水島工場の総合事務管

理棟の外壁に取り付けた。

取り付けた外壁に色むらはあったが、ステンレスの酸化被膜による発色法に、インコ法とは異なる電解発色法の実験例に可能性を見た。早速ＪＦＥは西宮工場に大金をかけて発色設備の建設に取り掛かった。モノづくり視点からみると当然の流れのように見えるが、初歩技術の確認のみで量産化設備を進めた。そこには落とし穴が待っていた。

発色技術には〝元々意匠のセンス〟が必要だ。加えて、技術の完成度を見極める人の目がなければならない。未知なる技術の完成には「見分ける」「見極める」という現場経験と感覚的な〝熱き想いや挑戦する志〟が必要なのだ。それが欠落したまま走り出し、未完成にして失敗し、撤退したのだ。〝熱意ある電解発色技術責任者がいなかった〟というＪＦＥの一連の流れが「腑に落ちた」気がした。要は「仏作って魂入れず」だった。

巨大鉄鋼メーカーが諦めて撤退したコイル材の連続発色技術に、わが社は新たに電解発色技術で挑戦するのだ。よほど覚悟がなければ成功はおぼつかない。

何度も自問自答したが、その見極めは何か、「多色を求めず、黒に特化すること」だ。

現状、浴中静止型黒色電解発色条件は、連続移動コイル材には使えないので、新たな電解発色条件が見つかるかどうかの一点に絞られた。

浴中で素材が〝静止状態か、移動状態か〟では「発色条件」が異なり、違いは〝似て非なり〟といえる。〝言うは易し行うは難し〟の領域で、一から新たな発色条件を探すという未知の技術が求められた。

あれは日曜日の10時頃、一人でテストを繰り返しているところに青木部長が出社してきた。

「社長、私がやります」

「じゃ、頼むワ」

電解発色液中に直径20センチの塩ビ製円筒を立て、ステンレスコイル材を巻きつけて、コイルの両端を左右の手で交互に引くことを繰り返し、コイル材が接触と離反を繰り返した部分と、塩ビ製円筒に全く触れなかった部分にも遜色のない黒色の発色皮膜が得られるか最初のテストを行った。

「おお、青木さん、できたよ！」

〝コイル状で発色したい〟と、手探りの暗闇の中で最初の一条の光が見えた瞬間だった。

コイル材の発色では、絶縁性のロールとロールの間を蛇行しながら接触と離反を繰り返しても、発色酸化皮膜の生成に必要な導電性は保たれるまでは分かったので、次の段階は〝黒色発色する電解条件〟を新たに見出すことだった。

ところが1年経っても、2年経っても決定的な条件が見つからず、そのたびに棚上げした。

そして3年が過ぎた。

2008年9月、アメリカの大手銀行リーマンブラザースが破綻し、世界的な金融危機に発展した。いわゆる〝リーマンショック〟が起きた。

原因は、アメリカで社会的信用の低い人向けの住宅を担保にした、高金利のローン「サブプライムローン」を、住宅ローン会社が「債券」として発行し、投資銀行に発売した。しかし、貸し倒れリスクのある「債券」なので、投資家に買って貰えないことも分かっていたので、投資銀行は、色々な会社の債券や社債、証券などをごちゃまぜにしてパッケージ化して「金融商品」として売り出した。

サブプライムローンの金利は、徐々に金利が上昇し、返済額が増えていく仕組みなので、低所得者にとっては、だんだん返済が増える高額なローンを支払うことができず、住宅を差し押さえられる人が急増した。値上がりを続けていた住宅市場は、ついに需要と供給のバランスが崩れ、買い手がつかなくなり、住宅価格は一気に暴落し、サブプライムローンは破綻し、金融不安が一気に広がり、市場は大パニックに陥った。

大手投資家銀行のリーマンブラザーズの経営は悪化し、多額の負債を抱え込んで倒産した。〝百年に一度の危機〟といわれ、日本の株式市場も大暴落し大きな影響を受けた。

２００８年12月を迎えた。40年近く下請け賃加工の体質で来てしまったが、〝売れる商材を持たない会社はだめだ〟との信念に背中を押され、コイルの電解発色条件を探す実験に再々度取り組んだ。

実験する時期はなぜか寒い時期で、特に12月に入って年末から正月を過ぎた3月までの4カ月に集中する習性があった。朝から晩まで四六時中没頭し、モチベーションは上がった。何十回、何百回のテストを繰り返しているうちに思わず、〝これだ！〟という場面に出くわす。ビーカーレベルだったが、コイル素材が移動しながら黒色に発色する電解条件の原案が見つかった。

建築家、安藤忠雄は、「私は建築の専門教育を受けたことがない。でもこの道に入り、地道にコツコツと独学と実践を重ねてきたので自己中心的だが信念がある」といった言葉に、私は共感を覚えた。

ビーカー実験レベルとはいえ、コイル材に黒発色する基本的電解条件を見つけたので、次の段階の実機レベルに向けたテストに青木部長を加えた。

翌2009年に入ると、リーマンショックは中小企業まで及び、わが社の受注は半減した。世の中は底なしの不況に突き落とされ、3月には株価が7，054円と記録的安値まで落ち込んだ。自民党政権も小泉首相以降、安倍―福田―麻生と短期間で交代し、8月の衆議院選挙では野党民主党が大勝し、鳩山由紀夫首相が誕生した。でも景気は底なしの沼地に落ち込んだまま、回復の兆しは見えず過ぎていった。

日本のあらゆる企業が業種・業界を問わずリーマンショックに覆われ、そこから這い上がる道を弄っていた。

20年前のバブル崩壊を彷彿させる事態で、わが社も業績の悪化に歯止めが掛からず、先の見通しも立たない中、人員整理も選択肢にあったが、今回は政府に雇用助成金を申請し、勤務の半分は全員会議室に集って〝研修会〟に時間を費やす日々が続き、業績の低迷は1年以上続いたが1人も解雇しなかった。

2009年、息子の常務は、リーマンショック後の中小企業向けに経産省の「ものづくり支援金」があり、これに応募した。8倍の競争率の中に選ばれ、コイル発色装置等の研究開発資金として、4，730万円の内3分の2の2，750万円が承認され、本格的な300巾コイル材の自動電解発色装置の開発に取り組んだ。

表面処理設備業者S社に発注したが、出来上がってきたものは使えた代物でなく、完成まで手を変え品を変え、特に給電部分に改善を加えて、2007年に黒色に絞ると決めてから6年を費やし、やっと「黒色コイル材電解発色ライン」1号機が完成した。

発色ラインはできたが、すぐ良品が生まれるわけではない。他社にない独自技術の実用化になると、細かいトラブルが次から次へと起こり、その対応に青木部長と田中知一君が取り組み、並々ならぬ努力を重ね、一つひとつ解決していってくれた。

2010（平成22）年春ごろから妻・美佐子は体の浮腫みが続き、連日咳込み、日に日に激しくなり、微熱だが発熱し始めたので、八尾医真会病院で診察し、大阪市立大学病院腎臓内科で検査したがDr．によると「検尿結果を見ても特別悪い数値はない。浮腫み、微熱、咳き込みとの因果関係は不明」ということだった。

1カ月経っても容態は変わらないので、大阪市立大学病院で再度、心電図撮影、呼吸器科、腹部エコーの検査を行った。

「喘息の疑いと思ったが喘息ではなさそう。喉が原因でゼイゼイしているのではない」と診断。

「肝硬変の初期の症状だけど浮腫み、微熱、ゼイゼイと直接の要因ではない」

各科検査結果から、「浮腫み、微熱、咳き込みの原因は不明なのでこれ以上検査は出来ない」という。

5月の連休に入っても微熱は続き、左腕の浮腫みも進み、右腕にも浮腫みが出てきたので外来では治療無理ということで、八尾医真会病院に入院した。

7月になり、「家に帰りたい」と美佐子がいうので、娘美和子が美容院ノーマジーンに連れて行ったが、一週間後再入院した。

8月末に一時退院し、美和子の日本舞踊「名取り披露」の発表会を国立文楽劇場にて観賞。

9月に入って、美佐子の血縁の親戚者が次々と見舞いに来てくれた。

9月14日大阪市立医大、肝胆膵科、岩本Ｄｒ．ＣＴテストの結果、

「肝臓に影が写っており癌です。進行性の癌です。肝硬変の程度はABCとしCランクにあり、既に重く、手術は無理です。このまま進むと余命は半年です。癌の進行を遅らせるにはカテーテルによる手術がありますが、現状の体力から見てお奨めしません。手術による癌の進行を遅らせることは出来るでしょうが、片方で体力が一層弱るからお奨めできません。腎臓も弱ってます。今は癌が腎臓に転移している様子はありませんが、今後転移する可能性はあります」

と宣告された。今後の進捗と末期においての症状を聞くと、

「入院治療の効果は余り期待できません。本人・家族が望むなら自宅療養のほうが良いと思います。末期になっても七転八倒するような痛みや苦しみはないと思います。今程度の痛みは続くので、痛み止めの薬は飲み続けたらいいと思います。最終的にも、痛み止めを飲んでいればそんなに苦しまずに済むと考えられます」

「余命半年」と告げられ大変なショックを受けた。

春の検査では「肝硬変の初期の症状だけど浮腫み、微熱、ゼイゼイと直接の要因ではない」という診断だった。検査では「肝臓がん」と特定できなかったのか……。

9月20日八尾医真会病院を退院し帰宅した。自宅治療をメインとする松尾クリニックの女医松尾医院長、看護師矢田さんにその後の往診をお願いした。

自宅に戻ってからは元気を取り戻し、ベッドから降り、一人で車椅子に乗ってリビングまで手漕ぎで入ってきたのを見たときはびっくりした。

「やっぱり自宅がいいんだ！」

顔も穏やかになり、笑顔を見せるようになった。

だが、平穏な日々は永くは続かなかった。年末から容態は悪くなっていった。正月を迎え、

孫たちが来た折は椅子に座ってリビングで一緒に過ごした。いつもなら孫に向かって歌を唄い、一緒になってはしゃぐ姿は、この日はなかった。正月を過ぎても容態は一進一退を繰り返していた。

そして2011（平成23）年1月18日の午後。自室の介護ベッドに寝ていた美佐子の周りに私と美和子、浩介の3人が偶然寄り添った。介護の分担から昼間3人が一緒に顔を合わせることはないのに、その時だけはなにか予感したのか、3人揃っていた。

12時を過ぎてそれぞれが母親に向かって話しかけていた。それに応えて美佐子も返事し、会話は進んでいたと思ったが、午後1時を過ぎて「ウン……」「そう……」と返事が言葉にならなくなってきた。3人はじっと見守った。

まぶたを閉じ、全身呼吸から胸だけの半身呼吸へ移り、呼吸がしだいに小さくなり、吐く息、吸う息が頼りなくなり、顎を突き出すような呼吸に変わったかなと思ったら、そのまま静かにすっと息が止まった。13時50分、永遠の眠りに就いた。

顔の表情は安らかで神々しさを感じ、まさに生の終焉の姿を見せた。私も最期はこう有りたいと願う大往生だった。

「あの世で待っていてくれ」

心底から叫んだ！

美佐子の亡くなった次の年、２０１２年10月、私は古希を迎えた。70年間といえば永く感じられるが私にとってはあっという間の時間と空間だった。その間いろいろな出来事も、つい「この間（あいだ）の」ように想われる。

祖父居相保太郎は、隠居後7年かけて自伝を執筆した。祖父は福知山藩の郷士、下級武士の子として１８６9年明治維新の次の年に生まれた。私は１９４１年太平洋戦争勃発の年に生まれたから、ちょうど70年の開きがある。

ロータリーの友人Ｓさんに、

「お互い、古希を迎えたけど何か感慨ある？」

と尋ねた。

「70歳になったんだろ、単なる通過点だよ。居相さんは？」

「あるんだよ。俺たちが生まれる70年ほど前、１８６８年は、徳川幕府が朝廷に大政を奉還して、明治維新が誕生した年だろ。江戸時代の武士の時代が終焉し、国の主権が天皇に奉還され明治と改元し、近代が現代に時代転換した年でもあったよな」

「そういわれればそうだよな。生まれるはるか昔のことだけど」

「そういってしまえばそうだけど、生まれて70年生きてきたが故に、その70年前も〝この間の、この間の〟出来事として繋がってると思えるんだ」

「ほう、どうしてそんな風に思えるの？」

「私の父方の祖父が自伝を残しててね、それを読むと、生まれる前の過去と生まれて現在までの時間と空間を、一本の線でつなぐ役割があることに気が付いたんだ。祖父と血が繋がってるからかもしれないけど、140年前の〝江戸から明治に変わった時代の端境期〟と明治に生きた祖父の生き様が肌で感じるほど身近になり、自らの70年間〝この間（あいだ）〟の出来事に限りなく近づき、意識のなかで一本の線に繋がり、140年の歴史を肌身に感じる気がしたんだ」

「へー、祖父の自伝が自分の体験につながったという話か。おもしろいなぁ！」

彼との話はそこで終わったが、若きころ、江戸時代は昔の昔の全く別世界の話だったので、感覚的に捉えることはなかったけれど、年を重ねるうちに、だんだん生まれる前の出来事が現実として認識でき、生きてきた延長線上にある感覚と重なり、伝わってくるのだ。

年を重ねるに従って、年を重ねた分過去と繋がっている感じが生まれ、実感として理解できるようになった。不思議と言えば不思議だけど、それが年を重ねるということなんだと最近わかってきた気がする。

祖父の自伝が自分につながる

これが
アベルブラックだ！

英機、これがアベルブラックか、これから何百年は保つなァ
次のラインは何処に作るか！

赤色や青色、黄色や緑色、橙色や紫色など、ファッションや絵画の世界では色がなければ成り立たない。ところがすべての色を混ぜると黒色になる。色のない色は白色。黒と白は対象色であり、黒色は色の基本を成す。

ピカピカに磨き上げた国賓級送迎車は、世界各国共通して黒色だ。光沢と艶のある真っ黒な漆黒の代表と言えば「グランドピアノ」がある。舞台のホールの中央にでんと構えた〝漆黒のグランドピアノは〟、オーケストラをバックに楽器の主役であり、演奏会に凛とした品格と華を添える。モーニング、タキシード、祝賀の正装は黒色だ。また葬儀の正装服も黒色だ。黒は高貴な色、品格の色、永遠なる色と位置づけられる。

大阪城の平成大修理の折に知り合った「社寺芳漆」のY社長はアベルブラックのファンで、京都の大寺院の須弥壇に使っていただいた。

「おお、これがアベルブラックか、今後何百年は保つなァ」

と管長は感嘆されたようだ。

Y社長が、京都市産業技術研究所の日本の漆研究の権威者である工学博士のO先生に見せたところ、「鏡面ブラックは『漆黒』と同じ色調と質感だ」と痛く感心されたそうだ。

近世の欧州では東洋の特産品陶器が好まれ、青磁白磁は『チャイナ』と呼び、漆黒の器は『ジャパン・japan』と呼び貴重品扱いされた歴史がある。

金属感のある漆黒なので、私は『金属漆』と呼んでいる。

黒仕様は国を越え、季節を越え、年代を越えて流行り廃りも関係なく、多種多様に世界中万遍なく使われている、なくてはならない色だ。

宇宙に目をやれば、全ての物質を吸い込むブラックホールがある。ブラックホールは闇であり、すべての光を吸収する究極の世界、「黒」の象徴といえるだろう。

遠回りをしたがステンレス鋼を電解発色法によって黒色酸化被膜にする安定した新技術を発明した。意匠性だけでなく、機能性も兼ね備えている。発色後の成形加工もできる。

〝黒色コイルはまだ世に出ていない。早く世にだそう！〟

「日本ものづくり大賞にアベルさんの授賞が決定しました。明日の新聞に掲載されます」

と八尾市産業政策課の近畿経済産業課から出向している参与から、電話で連絡があった。

「本当、ありがとうございます！　こんなうれしいことありません」

「居相社長の永年の努力が報われましたね」

と祝福とねぎらいの言葉を頂いた。

2013年、第5回ものづくり日本大賞で〝経済産業大臣賞〟を授賞した。近畿圏2府5県（含福井県）でわが社1社という快挙だった。

ものづくり日本大賞は内閣総理大臣が主宰し、日本の製造業が直面しているさまざまな事業環境の変化に柔軟に対応し、新たな付加価値づくりを提供する人材にスポットを当て、広く発信していくことを目的とする表彰制度だ。

審査・選出方法は、有識者で構成される選考分科会と選考有識者会議を設置し、第1次審査と第2次審査による選考を経て、授賞者の選出が行なわれる。

第1次審査は、全国を9ブロック、北海道、東北、関東、中部、近畿、中国、九州、沖縄の都道府県内の候補者について審査するとある。わが社は近畿ブロックで近畿経済産業局になり、近畿経済産業局が管轄するのは2府5県、大阪府、京都府、兵庫県、和歌山県、奈良県、滋賀県、福井県の各地方自治体から候補者が挙がってくる仕組みだ。近畿2府5県の各地方自治体の窓口は地元から企業を選び、申請書を作成する。

大阪府の地方自治体の一つ八尾市では、ものづくり産業政策課が窓口になって、八尾市内から応募するに値する候補者を選ぶ段階に始まり、選んだ企業を訪問してヒヤリングや現地調査を行う。わが社にも何度か来社し打合せを行った。

八尾市は市長の推薦のもと、近畿経済産業局に10数社応募したという経過があった。ところが近畿経済産業局に、各自治体の長の推薦で応募してきた数百社の中から、第1次審査に挙がる候補者はほんの一握りだという。全国9ブロックから選ばれて、全国区のテーブルに乗ること自体がとても難しい、という話だった。

表彰は、総理大臣賞、経済産業大臣賞、優秀賞の3段階。近畿圏で〝経済産業大臣賞〟はわが社1社だけだった。

授賞した概要は、「約40年の歳月をかけた研究開発により、メッキでもなく、塗装でもない、酸化皮膜自体を制御して発色させ、ステンレスの質感を損なうことなく、機能性と意匠性を付与させる、ステンレス鋼の電解発色法を独自に開発成功した」ということ。

「1つには、長期間の開発を通じ、技術的に難しいとされ続けてきたステンレスの高級感、新しい感性価値を提供する表面加工に成功したこと。2つ目は、単なる受託加工を超えた〝高付加価値表面加工ステンレスサプライヤー〟に進化したことである」

というコメントを頂いた。

志を立て、40数年ステンレス鋼の表面処理技術開発一筋に生きてきたが、プレスや金型屋からは「メッキ屋」と蔑まれてきた。下請け賃加工体質から脱皮したいと願い続けたが、世の好不況の荒波に何度も飲み込まれそうになりながら辛うじて今日まで生きてきた。ステンレス黒色コイルを黒帯にだぶらせて、「SUSが黒帯」と名づけた電解発色黒色鋼帯の新素材を世に問うた。それは「無から有を生む」快挙となった。

私の技術開発へのエネルギーの源泉は、「屈辱感への反発」だったといえる。

NHKプロフェッショナルという番組で、〝磨きの神様〟と呼ばれるバフ研磨職人小林一夫（71歳）の生きざまが放映された。

境遇と考え方が私と似ていた。同じ研磨でも、バフ研磨か電解研磨の違いだけで、私が仕事を始めた当初、

「バフ研磨ではなく電解研磨です」

といってもたいがいの人が理解せず、

「研磨の一種やろ」

といって見下げられた悔しさと屈辱感を味わっていたので、とても共感できた。人は何か

と階層分けしたがる。人を見下げることで、自己優位性を見出し安住するのが大半のようだ。

小林氏は番組で語った。

『〝バフ研磨〟という職業は「ああ、磨き屋か」と世間では非常に軽んじられた職業であった。花形といわれていたプレスや金型加工に比べて「ゴミを吸って金取ってるんじゃないか」と屈辱を味わっていた。一体どうしたら見返せるのか。

見下げられた日々を送っていたが、誇りは高く、「できないって言葉は大嫌い」といってはばからず、同業者から断られるような複雑な形状を受けて、努力を重ねた。それでも「磨き屋」という偏見はぬぐうことはできなかった。

それでも高度経済成長期、売上は順調に伸びていった。順調に見えていったある日、景気が弾けたのだ。さらに追い打ちをかけるような出来事が起きた。1社から受注していたが、アジアに出てゆくという。このままでは受注がゼロになる……。途方に暮れた。考えに考えた末、大きな博打に打って出た。自動研磨機5台の内、4台を道具屋に譲り渡した。「機械があればどうしてもそれに頼ってしまう。生き残ってゆくにはそれを変えないと」と自分を追い込む。「地道に手磨きする仕事だけに絞ろう」55歳で再出発した。

いろいろ頼みまわって、バフを自分で工夫、苦労して3年目、運命を変える大仕事が入ってきた。世界のアップル社から「ｉｐｏｄの筐体のボディを鏡面に磨いてほしい」という依頼だった。培った技術の贅を尽くして依頼主をうならせた。〝卓越した研磨技術に世界中のメーカーから発注が舞い込んだ〟。

最もうれしかったのは、ずっと偏見の目で見られてきた仲間からの言葉だった。

「いやぁ、ありがてぃわ」

「俺はこの年になってやっと磨き屋だということを、人の前で大きな声でいえるようになった」という言葉だった。

人間ってのは自分も含めてですけれど、楽をしたいわけですよね。確かに慣れた仕事をして楽な道を歩いた方が、儲けにもつながるし、それは事実ですわ。

ところがそれではね、技術はそこで止まるわけだよね。次の技術というものを覚えることができないわけさ』

と、次の開発に目は輝いていた。

小林さんにはバフ研磨屋という仲間がいたが、私には仲間はなく一人だけだ。もう一つ私が小林さんと違うのは、人一倍努力して、人のできない卓越した研磨技能を切り拓いた「職人技」に留まるのではなく、努力は同じでも、ものづくりのスタートとなる新素材、設計段階で図面に、〝アベルブラックの黒色材〟と書き込まれることを狙った。言い換えると「ものづくりのスタート台、設計段階で認められる新素材の開発」にあった。

下請けからの脱皮と川上に昇り、「独自技術」による、どこにもない「新素材の開発」なのだ。

「素材は社会を豊かにする！」

内閣総理大臣主宰の、第5回日本ものづくり大賞の授賞式は、全国9ブロックからの授賞者が一堂に集まって、2013年9月17日、赤坂の「ホテル・ザ・プリンスパークタワー東京」にて開催された。私と常務浩介、青木、福村、田中知の5名が授賞式に参列した。

「経済産業大臣賞授賞者、アベル株式会社代表取締役社長居相英機様一同」とアナウンスされ、5名は壇上に上がり、代表の私が茂木経済産業大臣（当時）から表彰状を授与された。

授賞式典後の祝宴では経済産業省の幹部職員から、

「おめでとうございます！　地方自治体の長（八尾市市長）は花が高いですね。オリンピックに例えれば〝銀メダルの獲得〟と同じですよ！」

「審査、選考、授賞に至るまで、とてつもない難関を突破して授賞されたんです。自信を持ってください」

と励ましの声をかけられた。

最初はピンとこなかったが、日が経つにつれだんだん心が舞い、感無量の熱き情感を味わった。　妻美佐子が生きていれば喜びも2倍だっただろうに……。

前年2013年第5回日本ものづくり大賞で経済産業大臣賞を授賞したことで、技術的評価は得ていたが、市場での評価実績がまだ伴っていなかった。

そこで第1回新素材高機能展（東京ビッグサイト）に、新素材として黒色発色コイル材〝アベルブラック〟を出展した。用意したカタログ300枚は初日2時過ぎに無くなり、急遽600枚をコピーして速達便で送り、2日目に間に合わせたが3日間通して1000人以上の来場者があり、大盛況に終わった。

「予想した以上だったたな。みんなご苦労さん！」

未知なる技術開発に取り組んでいたが、成功すれば必ず世の中に評価されると信じていた。だから、連日の大盛況は「市場での評価はまだわからない……」という懸念はすっ飛ばし、杞憂に終わった。

〝ステンレス鋼帯の黒色発色素材メーカー〟としてデビューし、市場に認知された瞬間だった。心が震えるほどうれしかった。

「乾杯！　乾杯！　わが社の将来に乾杯！」

と、展示会報告会議のあとみんなと気勢を上げた。

賃加工下請け体質から新素材メーカーに脱皮する、第一歩を踏み出した。それは長年描いていた構想が現実となり、足が地に着いた夢の実現でもあった。２０１４（平成26）年、72歳のことである。

中国の新興スマホメーカー「ファーウエイ」が、新製品のベゼルに厚み０・１㎜の極薄板ステンレスコイル材を発注したいという商談だ。

最初は中国に進出したKプレス会社の日本人技術者が日本に出張した折、わが社を訪ねてきた。スマホ液晶画面を固定する枠が、ステンレス素地のままだと光が漏れ乱反射し、液晶画面がぼやけるのでそれを防ぎたいという要望であり、０・１㎜のステンレスコイル材を黒くする業者を探し、アベルにたどり着いたと彼は言い、オムロンに収めるという。

ところがこの話は、オムロン以外に商社長瀬産業と岩谷産業が受注に動いていた。

話しが煮詰まるうちに、最初のK社のプレスでは要求寸法に収まらず、商談は失墜、長瀬と岩谷が前に出てきた。2社の動きを見ていると岩谷は待ちの姿勢、長瀬は後からの進出だったこともあり、積極的で、価格も開示し商談もオープンだった。だから長瀬産業と手を組み1年半フル操業が続いた。ところが中国の納め先が、素材の寸法精度にクレームをつけてきた。わが社が国内から調達していたリロールメーカーは、「自社ではそんな寸法精度は保証できません」と投げ出してしまった。それが理由で商談はストップした。

0・1㎜のステンレスコイル材は中国で製造することはまだ無理と決めつけていたが、そうではなく、すでに生産できる技術レベルにあったという事実を見落としていた。

「中国を晉めたらあかんな。今後注意をせんとあかん国や」

と息子常務と再認識させられた。

新素材高機能展の効果は、国内トップの自動車企業〝レクサス〟のデザイナー統括責任者にも及んでいた。2016年4月に、最初の打診があり、ファーウエイの受注でフル生産中だったこともあったが、9月に入って統括者のK氏がわが社を訪ねて見えた。

「レクサス・スポーツカーRC300シリーズに、黒コイル材を使いたいと考えている。〝新車のモール部〟に採用する計画だ」

という全く以って有り難い商談だった。

伺えば、材質がフェライト系ステンレスＳＵＳ４３０なのだ。ＳＵＳ４３０の電解発色条件はまだ未知数だったが、

「有難い話なので是非わが社にやらせてください」

と返事し、帰っていただいた。

オーステナイト系ＳＵＳ３０４とフェライト系ＳＵＳ４３０では素材成分が違うので、電解発色条件も異なる。以前ＳＵＳ３０４コイルの電解条件をテスト中にＳＵＳ４３０の条件を探す実験をしていたので、実験試料を遡って調べ、一瞬綱渡りのようだったけれど、私と青木部長でひと月半ほどで条件を見つけた。

レクサスから、テスト用の０・４㎜５００㎏のコイル材は、既に入荷して手元にあった。

不思議なもので、もの事スムーズにいくときはスーと前に進むが、一度つまずくと何度も何度もつまずいて前に進まなくなるという経験が、ここにも表れた。〝ツキ〟というか〝運不運〟も努力の内と私は考えているが。

樹脂を扱う大手メーカー、〝積水樹脂〟からも黒色コイルの引き合いがあり、商談中だ。

隣の豆腐製造販売会社「丸金食品」の門が、平日にもかかわらず閉門していた。社長曽我君は私より3つ年下で、八尾青年会議所には私が推薦し、親しく付き合っていた。真面目で仕事熱心な人だったが2年前にすい臓がんで亡くなった。長男が跡を継ぎ、真面目に仕事に励んでおられたので「何かあったのか?」と思っていたら、数日して門に書面が貼られた。見ると倒産し廃業とあった。突然だったのでびっくりした。

管財人は市内のF弁護士事務所。

隣地の購入は、わが社が事業を拡張する上で一番都合がいい土地なので様子を見ていたら、数人の不動産業者が私を訪ねてきた。若いころ、企業の倒産場面を経験していたので慌てずに応対した。その中に八尾RCのメンバーM氏がいたので、彼を通じて管財人と接触した。選択肢としては、債券者会議の中で競売にかけ、引き落とすか、債権者会議の前に買い取るかどちらかである。丸金食品が取引していた金融機関はE金庫だった。わが社も取引していたので支店長に早速連絡を入れ、担保額を聞き、管財人にE金庫以外の金融機関を尋ねた。E金庫以外にないとの返事。曽我社長も、「居相さんに是非買って欲しい」と思っていたので関係者の意向も見え、金融機関の応接間に一同が集まり、手続きを終えた。

入手した土地は400坪だった。

2018（令和1）年4月17日、東京霞が関の文部科学省の講堂に参列し、文部科学大臣賞授賞式が執り行われた。約200名の出席者の中、授賞は5部門あり、技術部門の代表として演台に上がり、林文部大臣から表彰状を受領した。「本特許は、ステンレス鋼の黒い酸化被膜の上にさらにシリカ膜を重ねることに成功し、光の吸収性性能は99％以上になり、光学部品ではレンズとセンサーの間で光を精密制御する部品として、スマホや自動車のカメラモジュールの遮光版に用途が多数ある」という内容である。

全国発明振興会からの推薦で、優れた特許者に与えられる賞だった。特許申請書の発明者欄に記載した息子の専務浩介と青木部長の3名が対象になった。

授賞式後、

「東京スカイツリーに行こか、15年以上経ってるから傷み具合をこの目で見に行こや」

と専務と青木君を誘った。

東京スカイツリーのエレベーター籠に、春夏秋冬を表現した4基と三方枠に当社の鏡面アベルブラックが採用されていた。施工して17年経過したので、痛み状況を観察した。エレベーターホールの係員に訊くと、

「観光客は一日平均2万人あります」

という。

2万人×365日×17年＝1億2410万人。日本の全人口が乗った計算になる。

「それなら、1億人以上の人が乗降すれば、エレベーター籠の内壁は擦れて、ハゲハゲになってるのではないか」

ところが、一瞬見た目には、何の変化もなかったように内壁は真っ黒な状態を保っていた。専務、青木部長の三人で隅から隅まで観察したが、鋭い金属に擦られたのだろう、細かいスジ傷は多く確認できたが、地金迄届いていたものは周りが暗い環境なので見られなかったが、

「正直、びっくりした！」

「わが社のアベルブラックはこれほどまでに強いのか！」

変色もなく、下地のステンレス地金の乳白色も見られない。

「その強度は驚異的！」

と我が事ながら感激し、感動した。我76歳、我が春の思いだ。

息子の専務が窓口となって、経済産業省近畿経済産業局の窓口と書類を用意していた。

２０１８年（平成30）年春の叙勲にて、経済産業省近畿経済産業局長じかの推薦により、「旭日単光章」を受章した。

勲章は個人に与えられるもので、民間人が旭日勲章を受章するには条件があり、一つに会社が属する業種の業界に加盟し、数10年の加盟実績と業界の会長または理事長職に就任し、会社の業績が成長している優良会社のトップであるか、あった人。そして70歳以上の人が対象だった。ものづくりに携わる業界は近畿圏内にわんさとあり、〝我が業界に下さい〟と熾烈な激しい競争の中で、近畿経済産業局は数名総務省内務局に推薦するのが習わしになっていた。八尾ロータリークラブには旭日勲章や藍綬褒章、公務に携わる対象の瑞宝章を受章した人達はいたが、どこの業界にも属さない私が「旭日勲章」に選ばれたのだから、みんなびっくりした。私にとっては蚊帳の外の出来事と思っていたので一番びっくりしたのは私自身で、信じられないというのが実感だった。

その年「いかなる業界にも属さないニッチな分野で特殊な技術を開発し、それが社会に貢献すると評価される人」という法の改正が新たに加わった。

第5回ものづくり日本大賞では、近畿経済産業局が管轄する2府5県から中小企業を含め、居並ぶ大企業を差し置いて我が社一社が「経済産業大臣賞」を独占した。この功績が大きく、近畿経済産業局長直接の推薦による改正初年度の1号として私が選ばれた。

家内美佐子が生きていれば、どれほど喜んでくれただろう……。

２０１８年5月10日「日本ものづくり大賞」を受賞したときと同じ、赤坂の「ホテル・ザ・プリンスパークタワー東京」の会場で経済産業省主宰の勲章伝達式に娘美和子と参加した。賞状と勲章を賜った後、叙勲者と配偶者のみ午後にバスで皇居に参内した。娘美和子はホテルで待つ身になった。

皇居に参内し、「春秋の間」に勲章受章者が居並ぶ緊張と静寂の中、天皇陛下から、

「皆さん受賞おめでとうございます」

と、じかのお言葉を拝聴し、お姿を目の前で拝顔した。受賞者とその奥方の集団の中を一周され、拝謁は厳かにとり行われた。平成の時代最後の勲章授与となり、夢のようであった。

76歳を迎え、後期高齢者になった今、挑戦し続けてきた私の人生は、生きた証のご褒美として「旭日単光章」という叙勲の栄誉に浴した。胸を張って人前で言える名誉を頂いたことに感謝したい。　これは、息子に社長を譲渡する機会と考えた。

トヨタ自動車の高級車種レクサスシリーズの2ドアスポーツ車「ＲＣ３００」のステンレ

ス製モール材にアベルブラックが採用され、世の中にデビューしたところ、その評価は上々だった。

当初は特別仕様に限定されたが評判がよく、数量が増えただけでなく、他の車種レクサス「ＩＳセダン」にも採用された。トヨタの最高車種センチュリーのモールに、図面の段階で採用が決定した。

今の設備ではラインスピードも遅く、その生産キャパではとてもカバーできない状況なのははっきりしていた。現状より数倍の大型の設備導入が必要で、その設備の完成は今までチャレンジしてきた私の人生の集大成であり、アベル株式会社にとっては将来性ある成長見通しが見えたので世代交代のチャンスと私は捉えた。

２０１９年４月１日の経営方針発表会の場を社長交代時期とし、専務の息子浩介に社長を継承し、株式も全株譲渡し、私は会長に就任した。

日本で初めて電解発色技術による３００幅ステンレスコイル材を発表し、高機能新素材展に展示した。それがきっかけで新素材アベルブラックはトヨタ自動車の高級車レクサスブランドの２ドアスポーツ車ＲＣ３００のモールに採用された。私はＲＣ３００に取り付けた黒モールの変化を自ら観察するつもりで1台購入した。

販売後評判も良く、今後の受注に応えるため量産に向けた設備が必要とされる状況が生まれたが、300幅コイルから600幅や1000幅コイルになると状況がガラッと変わる。

遡ること5年ほど前から将来ビジョンとして新たな工場用地が必要なので他府県の開発工場団地の資料を取り寄せた中から京都府福知山市長田野工場団地三和に目を付けていた。福知山は居相の出身地であり、東京から疎開して高校まで育った土地なのでふる里的親しみがある。京都府と福知山市の自治体の誘致窓口の人達が熱心にこちらの相談に乗っていただいた。お盆のお墓参りの時は毎年現地に足を運び3000〜7000坪の分譲地をいくつも見比べ、分譲価格と割引条件等調べていたが、隣地に新工場を建設しようと頭を切り替えた。

300幅コイルで重量が500kgまでなら手作りの設備と手作業で何とかなるが、これが600幅、1000幅で重量が3〜5トンクラスになると鉄鋼メーカーの本格的な装置規模が必要となり、設置面積もかかるし、設備費用もゼロ一桁以上必要となる。

土地は隣地に決めたが設備規模の大型化には膨大な費用が掛かる。メイン銀行に相談したところ「アベルさんが必要とされる費用は担保なしで全額貸します」との回答を貰った。銀行もわが社の成長に期待しているようだ。

金銭の心配がなくなったので社運を賭けた「会長プロジェクト」を立ち上げ、大規模コイルライン装置の設計者を探すことだった。

この規模の本格的コイルライン装置の設計、施工、設置経験があり、そしてコイルの塗装ラインか、メッキラインの経験実績があり、信頼できる設計者は数ある設計者の中でも限られた。

日本の大企業の技術習得者が中国や韓国に引き抜かれて日本の最新高等技術が流出して数年後には精巧な類似品が出回り、価格競争に負けるケースがあちこちに垣間見られる状況になり、日本の競争力が低下している現状は耐え難いのを感じるのは私だけではないだろう。同僚仲間の内でも人によって考えが分かれるところで愛国的な人は必ずいるという信念で探した。難題に近い要求条件を満たす人を探すのに時間は2年掛かったがKさんを探し当てた。

ステンレス鋼コイルの黒色電解発色技術は当社独自の開発技術で600~1000幅のコイルを全自動で発色するラインは何処にもなく、日本で初唯一、世界で初めてのライン装置の建設になる。

会長プロジェクトを立ち上げ、月1度の会議までにそれぞれ分担した内容を持ち寄り検討する会議を重ねた。

レクサススポーツ車の窓枠のモール材に採用された黒色発色ステンレス材は魅力ある新素材として映り、それに目を付けたライバルが現れるのは世の常だろう。株式会社ジャパンメタルいう強力なライバルが現れた。

ジャパンメタルは製鋼メーカーではなく、製鋼メーカーから厚板コイル材を購入し、薄板にリロール（圧延）するメーカーで、無垢のステンレス鋼の車用モール材では国内市場の80〜90％を独占していた。アメリカ、EU圏市場でも無垢モール材では60％以上占めているという。無垢のステンレス鋼のモール材では日本一だけでなく世界一のトップ企業だ。

アベルが世に初めて出した黒色ステンレスコイル材を知ったジャパンメタルは、急遽ステンレス鋼を黒色に発色させたコイル材を対抗して出してきた。

昔、象印マホービンでは電解研磨で競合したライバル新潟県燕市にあるK社がインコ法でステンレス鋼を黒色に発色していた。インコ法による浸漬するだけの化学発色する過去の技術だ。

アベルブラックは、欠点のあるインコ法を越えた電気化学を取り入れた電解発色方法を開発して生まれた素材なので、黒の色調、均一性、再現性らの品質では一枚上をいっていたが、車の無垢のステンレス鋼モール材市場を独占している企業の出現は、わが社にとって脅威となった。

ジャパンメタルは車向けステンレスモールの市場を既に押さえているので、黒色モールの普及は将来的に大きいと予想し、アベルに対抗してインコ法で量産する設備計画をマスコミに発表した。

それはアベルの車向け黒色モール市場参入をあからさまに妨げる意図が明々白々と映った。

マスコミ発表の後、設計筋からライバルのインコ法の設備の仕様書が入手できた。私の目から見て大いに問題有りと読み取れた。

「こんな設備ホンマにできるんかいな？」

私は、プロの見地から疑問を抱いた。技術者の勘が働いた。

中国武漢で発生したコロナウイルス感染症が、あっという間に世界に蔓延しパンデミックが起きた。ワクチンがなく、伝染スピードは速く世界の国々では入出国の規制が実施され、国内ではマスクの着用が義務づけられ、接触機会を減らすため出張はできるだけ抑えて、オンラインによるウエブ会議や在宅勤務に世の中はシフトした。

コロナ感染症は3年の月日が経過し、下火になり正常な日常と社会活動を取り戻してきた。

コロナ禍でもわが社は会長プロジェクトを継続し、本社機能を備えた工場建物は完成に近づき、経験したことのない大規模設備の設計と発注は着実に前進していた。

コロナ禍前にマスコミに発表したライバル、ジャパンメタル主導によるステンレス鋼コイル材のインコ法による量産黒色発色設備の進捗は何処からも何の情報は入ってこなかった。

そんな折、アベルの社長に一本の電話が入った。ジャパンメタルの技術最高責任者の地位にある人からだ。

「近々、御社に伺いたい。内容はその時」

ということだった。

社長からその報告を聞いたが「何しに来るんだろう」と一瞬緊張を私は覚えた。

「我々ジャパンメタルは、ステンレスコイル材の黒色発色生産ラインの製造を放棄しました。ついてはアベルブラックコイル材をわが社に分けて欲しい」

N常務の来社理由だった。〝急転直下、強敵消ゆ〟とはこういうことなんだろうか！

自動車業界のモール用黒色発色材の生産は、わが社が独占することになった。

完成までにはまだ難産するだろう。その難産こそ技術がより完成する原動力となる。完成前から今の生産能力では足らなくなるのは見えている。

次のラインは何処に作るか！

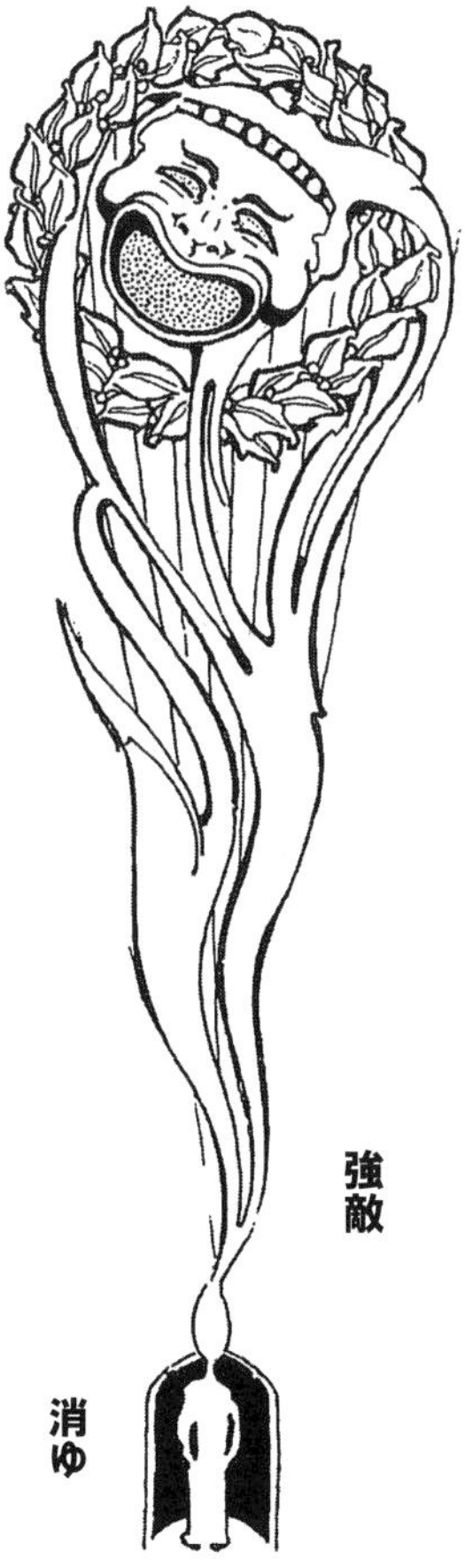

新たな物性が生まれる

素材は、社会を豊かにする

これからが楽しみだ！

素材は社会を豊かにする。これからが楽しみだ

英機、まだまだ

地球温暖化は地球上の生態系に重大な影響を及ぼしている。このまま進めば30年後には、50年後には世紀末にはそれぞれ人類にとって悲観的な予想しか立たない。

温暖化ガス排出量の削減は必達の課題である。産業革命以降エネルギーが石炭や石油、天然ガスなどの化石燃料を燃焼することで大気の気温の上昇が伴っている。

あらゆる産業は石炭・石油・天然ガスを原資として鉄鋼、鉄道、化学繊維、建材、日用雑貨、また日常生活に必須の電気も火力発電に頼り、交通機関は飛行機、車等のエネルギー源として限りなく化石燃料に頼っている。

鉄は産業のコメといわれ、あらゆる用途に使用されているが欠点は錆びることだ。

錆びない鉄といわれるステンレス鋼はその用途は伸びているが、加飾性が足らないところで足踏みをしている。ステンレス鋼の表面の酸化皮膜に手を加えることで加飾性だけでなく、機能的な特性を創出することができる素材である。

石油から生まれたプラスチックや塗料は、太陽光による紫外線劣化が致命的だ。ステンレス鋼の酸化皮膜は紫外線劣化もせず、耐食性にも退色性にも強い。素材の寿命が何倍も伸びる無機素材なので脱炭素系材料にとって代わって求められる素材になる。

酸化皮膜の研究はまだ途に着いたばかりであり、開発余地はまだまだある。

銅はすでにビーカー実験は終わっている。鉄も新たな酸化皮膜をつけることで新たな特性や物性が見つかると考えられる。金属なら表面に酸化皮膜を生成することができる。金属母材を金属酸化皮膜で覆うことで新たな物性が生まれる。今後の研究テーマである。

素材は社会を豊かにする。

これからが楽しみだ。

プロフィール

居相　英機（いあいひでき）

アベル株式会社会長

現住所：大阪府八尾市南太子堂１丁目１番４２号

1941 年（昭和 16 年）10 月 27 日東京生れ
1945 年５月　京都府福知山市小谷が丘に疎開
京都府立福知山高等学校卒業後、臨済宗本山南禅寺にて１年修業
自力で授業料、学費、生活費を稼ぎ、日本大学芸術学部卒
1967 年１月　家業近畿薬品工業株式会社再建のため大阪府八尾市移住
1970 年 11 月　代表取締役社長就任
1987 年　Fe-Cr 合金の電解発色法特許５件
1993 年４月　アベル株式会社に社名変更
2011 年　東京スカイツリーにアベルブラック採用
2013 年　第５回日本ものづくり大賞　経済産業大臣賞受賞
2016 年　乗用車レクサス RC300 にアベルブラック採用
2018 年　全国発明協会推薦により文部科学大臣賞受賞
2018 年　春の叙勲　旭日単光章受賞
フランスパリ　メゾン＆オブジェ出展
2019 年　社長交代
2023 年　ステンレス協会優秀賞受賞
2024 年　イタリア　ミラノデザインウィーク出展

特許取得件数：40 数件

主な役職

社団法人八尾青年会議所　副理事長
龍華地区南太子堂町会長、八尾市自治振興委員
八尾市立龍華小学校創立 100 周年記念実行委員長
八尾ロータリークラブ 45 周年度会長

アベル株式会社の
企業紹介の動画

会長出演 八尾ものづくり企業紹介動画
https://youtu.be/a6ie_lLz1rk?si=GrjookUC2ssr3jTO

社長出演 テレビ大阪 やさしいニュース
https://youtu.be/_b5JzYvn8GE?si=rfIrR2eFLDuGeU6L

アベル You Tube チャンネル
https://youtube.com/@abeltube6834?si=UNi-hoo4AmGZFMvd

SUSが黒帯 金属漆

英機と名付けられた男
――その妙々たる生きざま

発行日
2025年4月1日

著 者
居相 英機

発行者
あんがいおまる

発行所
JDC出版
〒552-0001 大阪市港区波除6-5-18
TEL.06-6581-2811(代) FAX.06-6581-2670
E-mail：book@sekitansouko.com
H.P：http://www.sekitansouko.com
郵便振替 00940-8-28280

印刷製本
モリモト印刷(株)